LA NOUVELLE BALLE AUX MOTS

LANGUE FRANÇAISE

CYCLE 3
CE 2

Grammaire

Vocabulaire

Orthographe

Conjugaison

Expression écrite
et production de textes

Jean-Paul Dupré
Conseiller pédagogique

Martin Olive
Conseiller pédagogique

Roger Schmitt
Inspecteur de l'Éducation Nationale

Alain Rausch
Professeur en IUFM

Maurice Obadia
I.P.R., Inspecteur d'Académie

Collection dirigée par Henri Mitterand

LA NOUVELLE BALLE AUX MOTS

LANGUE FRANÇAISE

CYCLE 3

CE 2

Grammaire

Vocabulaire

Orthographe

Conjugaison

Expression écrite
et production de textes

NATHAN

AVANT-PROPOS

Pour le maître

Cet ouvrage, conforme aux Programmes pour l'École primaire de 1995, est destiné aux élèves du Cycle 3, première année.

Il regroupe, selon une progression rigoureuse, l'ensemble des activités de langue française et d'expression qui peuvent être proposées à ce niveau. La grammaire, le vocabulaire, l'orthographe ne sont pas une fin en soi, mais sont bien des moyens de mieux parler, de mieux lire, de mieux écrire, et d'acquérir progressivement des outils de réflexion sur sa propre langue.

Le découpage entre 30 unités-semaines aide à une répartition claire et équilibrée. La plupart des unités comptent 4 ou 5 séquences d'une page, dans l'ordre suivant : **grammaire, vocabulaire, orthographe, conjugaison**. Ces séances sont complétées par des unités *d'entraînement* à **l'expression écrite** qui doteront l'élève d'outils et de techniques spécifiques et qui s'articulent avec les doubles pages de **production de textes** de types différents.

Des sommaires trimestriels, en tête de chacune des trois parties du livre, guident la progression dans chaque matière.

Pour l'élève

Tu vas faire connaissance avec ton livre *La nouvelle Balle aux mots*. Pour mieux te repérer, tu dois bien comprendre comment il est organisé.

Ce livre comprend *trois grandes parties*. Chaque partie est, elle-même, composée de séquences-leçons (ou unités) qui portent sur **la grammaire, le vocabulaire, l'orthographe, la conjugaison, l'expression écrite** et **la production de textes**.

À la fin de chaque partie, des *bilans* vont te permettre de faire le point sur tes connaissances tout en consolidant tes apprentissages.

Chaque **unité** comporte :

1. **Un petit texte** qui va te permettre d'observer un aspect particulier de la langue (par exemple, la phrase exclamative).

2. À gauche du texte, quelques pistes de **réflexion** et des **questions**.

3. Dans l'encadré, **ce que tu dois retenir**.

4. En bas de page, des **exercices d'apprentissage**.

Enfin, tu peux avoir recours, à la fin de ton livre, aux tableaux récapitulatifs qui te rappellent les règles les plus importantes.

Illustrations : Pierre Ballouhey
Couverture : Kube

© Éditions Nathan / VUEF 2002 pour la présente impression
1995 pour la première édition
ISBN. 2-09-120615-6

1re partie
(unités 1 à 10)

Grammaire	**La phrase**
Vocabulaire	**Le dictionnaire** **Mots simples, mots dérivés**
Orthographe	**Écrire les sons** **Éviter de prendre un mot** **pour un autre**
Conjugaison	**Le présent et le futur**
Production de textes	**La lettre . La recette**
Expression écrite	**Faire une phrase . Donner un ordre** **Remplacer** *il y a* **. Raconter un fait** **Utiliser le mot juste .** **Placer une virgule . Jeu poétique** **Reconstitution de texte**

Sommaire de la 1re partie

Du texte à la phrase

LE CHIOT

- *Lis le texte.*
- *De combien de paragraphes est-il composé ?*
- *À quoi reconnaît-on un paragraphe ?*
- *De combien de phrases est composé ce texte ?*
- *À quoi reconnaît-on une phrase écrite ?*

Ce n'était encore qu'une petite boule de poils courts et noirs. Seuls, le bout de ses quatre pattes et l'extrémité de son nez, juste avant la truffe, étaient marron. Il avait aussi deux touffes de poils fauves au-dessus des yeux et elles lui donnaient l'air étonné.

Il n'avait encore jamais quitté la caisse où il était né. C'était le plus costaud et le plus déluré d'une portée de six chiots…

Un jour, un immense animal à deux pattes l'avait attrapé par la peau du cou et l'avait placé entre les mains d'un animal semblable, mais plus petit.

RENÉ ESCUDIÉ, *Grand-Loup sauvage*, Éd. Nathan (Coll. Arc-en-poche).

- Un texte est généralement composé de plusieurs **para-graphes.** À l'écrit, on retourne à la ligne pour marquer le début de chaque paragraphe.
- Un paragraphe est généralement composé de plusieurs phrases.
  Une **phrase** est une suite de mots organisée, **qui a un sens.**
  Une phrase écrite commence par une **majuscule** et se termine par un **point.**

1 *Écris seulement les groupes de mots qui forment une phrase.*

Ce chaton n'avait que deux semaines. — Il avait peut-être abandonné. — Jamais il ne quittait son panier. — Pourquoi s'était-il sauvé ? — La forêt, car il était perdu.

2 *Des phrases bizarres ! Écris-les après avoir retrouvé le bon ordre des mots.*

Le chien est l'homme de l'ami. — Le rusé est un animal renard. — La noisette cueille l'écureuil et la croque. — C'est un œuf qui a pondu la poule qui chante.

3 *Majuscules et points ont été oubliés. Récris correctement ce paragraphe.*

ils marchèrent longtemps peu à peu, le ciel devint sombre le vent se leva et fraîchit le vieux chien marchait devant sans tourner la tête il entendait derrière lui le trottinement du chiot.

4 *Écris un court paragraphe en mettant ces phrases dans le bon ordre :*

Le chaton bondit sur elle.
Elle se tapit dans l'herbe et ne bougea plus.
Pftt ! … elle avait disparu.
La petite souris comprit le danger.

5 *Écris quelques phrases en te servant des éléments suivants :*
Exemple : **C'était un jeune chat à la démarche élégante.**

petite taille — jeune chat — la queue touffue — les yeux brillants — la démarche élégante — de petites oreilles pointues — de longues moustaches — un poil lustré — un petit nez rose — le regard vif.

6 *Réunis tes phrases pour faire le portrait d'un jeune chat.*

Pour ranger les mots

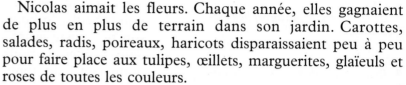

Vocabulaire

• *Écris la liste des légumes, puis celle des fleurs.*
• *Comment peut-on ranger les mots de chaque liste ?*

LE JARDIN DE NICOLAS

Nicolas aimait les fleurs. Chaque année, elles gagnaient de plus en plus de terrain dans son jardin. Carottes, salades, radis, poireaux, haricots disparaissaient peu à peu pour faire place aux tulipes, œillets, marguerites, glaïeuls et roses de toutes les couleurs.

Les allées embaumaient, les massifs éclataient de teintes vives.

Pour classer les mots d'après la première lettre, il faut bien connaître l'ORDRE ALPHABÉTIQUE.

1 *Range les mots du texte en deux groupes :*
des légumes → . . . .
des fleurs → . . . .

2 *Range les mêmes mots en trois endroits du diction-naire et en regardant la première lettre :*

a b c d e f g h i	j k l m n o p q	r s t u v w x y z

3 *Range ces sept mots au début, au milieu ou à la fin du dictionnaire, comme dans l'exercice 2 :*
abattre village oiseau mot parfois histoire cœur

4 *Classe les lettres selon l'ordre alphabétique.*
c g f d e   o p m n l   s q t r v u
. . . .

5 *En regardant la première lettre, range ces mots dans l'ordre alphabétique :*
r aisin   a bricot   p rune   c erise   f igue

6 *Écris en ordre alphabétique chacun des groupes sui-vants :*

anémone	poivron	banane
coquelicot	tomate	ananas
bleuet	salade	datte
dahlia	radis	cerise

7 *Écris :*
La 3ᵉ lettre de l'alphabet : . . . . ; la 6ᵉ : . . . . ; la 10ᵉ : . . . . ; la 15ᵉ : . . . . ; la 18ᵉ : . . . . ; la 26ᵉ : . . . .

8 *Récris ces prénoms d'enfants dans l'ordre alphabé-tique :*
Antoine — Lucie — Marie — Thomas — Julien.

9 *Retrouve les mots qui se cachent derrière ces nombres. Ils sont formés avec les dix premières lettres de l'alphabet :*
3 1 3 8 5
Exemple : 31385 →   c a c h e.
3165 : . . . .   3175 : . . . .   6135 :
29385 : . . . .   81385 : . . . .

De l'oral à l'écrit

CRIN BLANC

- *Lis le texte.*

- *Repère les mots qui contiennent le son [ɛ̃] comme* **crin** ; *le son [ɛ] comme* **pendait** ; *le son [ɑ̃] comme* **blanc.**

- *Par quelle lettre, ou par quel groupe de lettres chacun de ces sons est-il représenté ?*

- *Nomme les accents que tu trouves dans ce texte.*

Brusquement, le poulain releva la tête, faisant voltiger la touffe de crins blancs qui pendait sur son front. Un long frémissement courut dans les poils ras de sa robe immaculée, blanche comme la neige, de la crinière à la queue.

Crin Blanc, d'après RENÉ GUILLOT, Prix Christian Andersen 1964.

- La langue française compte **36 sons** différents (reporte-toi à la page 138).
  Par exemple : [ɛ], [e], [ɔ], [u], [y], etc.
  [b], [p], [v], [f], etc.

- On peut écrire ces 36 sons à l'aide des **26 lettres** de l'alphabet, des **accents** et de la **cédille**.
  Lettres : *a, b, c, d, e, f, g, h, i, j, k, l, m, n, o, p, q, r, s, t, u, v, w, x, y, z.* — **Accents** : aigu (´) *école* ; grave (`) *mère* ; circonflexe (^) *tête* ; tréma (¨) *Joël* ; — **Cédille** (¸) : *leçon.*

---

1 *Réunis chaque son à l'écriture correspondante :*

- [ɔ̃] •　　• moin<u>eau</u>
- [ɛ] •　　• l<u>ou</u>p
- [u] •　　• b<u>é</u>lier
- [e] •　　• héri<u>ss</u>on
- [o] •　　• <u>ai</u>gle

2 *Écris un mot nouveau pour chacun des sons ci-dessus.*

3 *Écris la bonne orthographe :*

la ch[ɑ̃]bre — pr[ɑ̃]dre — [ɑ̃]brasser — la d[ɑ̃]se.

4 *Même exercice :*

le t[ɛ]bre — du p[ɛ] — de la p[ɛ]ture — un lap[ɛ].

5 *Mets l'accent qui convient :*

Pour sa f<u>e</u>te, Fred<u>e</u>ric a invit<u>e</u> tous ses amis. Sa m<u>e</u>re a pr<u>e</u>pare un bon go<u>u</u>ter : de bonnes cr<u>e</u>pes l<u>e</u>geres et sucr<u>e</u>es.

6 *Mets le signe convenable : cédille ou tréma.*

Noel — une balancoire — un macon — Israel — un Francais — un hamecon — le caiman.

7 *Dictées à préparer.*
Lis plusieurs fois chacun des deux textes.
Étudie chaque phrase l'une après l'autre (accords, consonnes doubles, lettres muettes) et copie-les. Récris de mémoire les phrases étudiées. Vérifie.

- Crin Blanc est un joli poulain. Sa robe est blanche comme de la neige. Une touffe de poils blancs pend sur son front.

- Le garçon n'osait pas faire un geste. Tout doucement, en se penchant, il tendit la main pour essayer timidement une caresse.

Conjugaison

Passé, présent, futur

  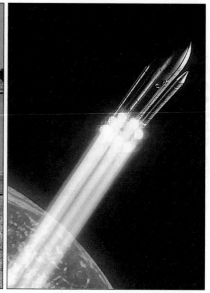

Autrefois, on voyageait en diligence.

De nos jours, on utilise toutes sortes de moyens de transport.

Bientôt, les vaisseaux spatiaux nous transporteront encore plus vite.

● Toute phrase possède une marque de temps : **passé, présent** ou **futur.**

● Certains mots ou expressions permettent de la repérer facilement :
Autrefois (passé) — *De nos jours* (présent) — *Bientôt* (futur).

---

1 *Identifie le temps de chaque phrase : présent — passé — futur :*

L'an dernier, j'ai pris le T.G.V. (. . .) — Ce bateau partira bientôt. (. . .) — Maintenant, nous décollons. (. . .) — Il y a cinq minutes que le taxi est arrivé. (. . .) — Dans cinq minutes, nous serons loin. (. . .) — Ça y est, le train entre en gare. (. . .)

2 *Classe en trois colonnes (présent, passé, futur) les expressions suivantes :*

la semaine dernière — dans un moment — hier matin — maintenant — le mois prochain — avant-hier — à présent — après-demain — la veille — jadis.

3 *Complète à l'aide d'une expression qui convient :*

. . . . nous partirons en voyage.
. . . . les cosmonautes se promènent dans l'espace.
. . . . je suis allé en vacances en Italie.
. . . . papa changera de voiture.
. . . . on se déplaçait beaucoup à bicyclette.

4 *Transforme oralement les phrases suivantes en les mettant aux temps demandés :*

L'avion décolle à huit heures. (→ *passé*)
Je vais à l'école à pied. (→ *futur*)
La fusée explose en plein vol. (→ *passé*)
Ce cheval va gagner la course. (→ *présent*)
Ce paquebot traversera l'Atlantique. (→ *présent*)

5 *Termine librement les phrases à ta manière.*

Dans quelques jours, ...

Hier soir, ...

En ce moment, ...

Aux vacances dernières, ...

Bientôt, ...

Les types de phrases

TROTTE-CHEMIN

- *Lis le texte.*
- *Relève les phrases qui interrogent. Combien en trouves-tu ?*
- *Relève les phrases qui marquent l'exclamation. Combien en trouves-tu ?*
- *Une phrase sert à donner un ordre. Laquelle ? Par quoi se termine-t-elle ?*

— C'est trotte-chemin qui rentre ! Du matin au soir dans la rue ! Et avec qui encore ? Avec toute la galopinasse du village ! Quelle honte ! Je parie que tu as encore un trou à ta culotte. C'est toujours à recommencer ! Je raccommode et Monsieur troue ! Il troue en haut, il troue en bas, il troue au genou, il troue sur la cuisse, il troue au derrière ! Madame Saturnine, j'en pleure !...

Grand-mère avait trop l'habitude de ces plaintes pour s'émouvoir. Elle demanda :

— La soupe est-elle prête ?

— Oui, Madame, mais ce galampian nous a mis tellement en retard qu'elle a failli brûler vingt fois !

Allons, viens te laver les mains, gratte-semelle !

HENRI BOSCO, *L'âne Culotte*, Éd. Gallimard (Coll. 1 000 Soleils).

On distingue 4 types de phrases.

- la phrase **déclarative** : *Je parie que tu as un trou à ta culotte.*
- la phrase **interrogative** : *La soupe est-elle prête ?*
- la phrase **exclamative** : *Quelle honte !*
- la phrase **impérative** : *Viens te laver les mains !*

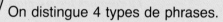

1 *Lis les phrases suivantes avec la bonne intonation. Indique le type de chacune :*

Constantin a rencontré l'âne Culotte. — Constantin a rencontré l'âne Culotte ? Quel drôle d'âne ! — Quel est ce mystère ? — Écoute bien cette histoire !

2 *Transforme les phrases déclaratives en phrases interrogatives :*

Le repas est terminé. — Sophie prend un livre. — Paul regarde la télévision. — Bébé dort déjà.

3 *Transforme les phrases déclaratives en phrases exclamatives :*

Il est curieux. — C'est un garnement. — Tu n'as pas honte. — Un âne apprivoisé. — Un âne avec des pantalons.

4 *Transforme les phrases déclaratives en phrases impératives :*

Tu vas te laver. — Tu écoutes bien les conseils. — Vous prenez le chemin qui conduit à la rivière. — Vous vous taisez. — Vous écoutez le chant des oiseaux.

5 *Place le signe de ponctuation qui convient :*

Où vas-tu... — Ne parle pas si fort... — Dans quelques jours nous partirons... — Eh bien, non... — À quel endroit... — Va le chercher... — Grand-père se leva et sortit... — Quelle chance...

6 *Invente une courte phrase pour chacun des types :*

— déclaratif . . . .   — interrogatif . . . .

— exclamatif . . . .   — impératif . . . .

L'ordre alphabétique des mots

Vocabulaire

A B C D E F G H I J K L M N O Z Y X W V U T S R Q P

Les mots de la langue française sont classés dans un **dictionnaire** suivant l'ordre alphabétique.

1	a
	b
	c
	d
5	e
	f
	g
	h
	i
10	j
	k
	l
	m
	n
15	o
	p
	q
	r
	s
20	t
	u
	v
	w
	x
25	y
	z

1 *Trouve la lettre qui manque :*

d.f   h.j   m.o   r.t   i.k   e.g

2 *Trouve la lettre qui manque :*

abcde.g   l.nopqr   .uvwxy

3 *Une lettre ne fait pas partie du groupe, tu la barres :*

deftghi   kblmnop   qrstujvw
pqrsthu   tuvqwxy   fghtijkl

4 *Entre deux lettres, tu écris* avant *ou* après :

d est juste .... *c*
h est juste .... *g*
s est juste .... *t*
d est .... *g*
s est .... *p*
t est .... *k*

5 *Tu écris ces lettres dans l'ordre alphabétique :*

d g h i f e   n o p m r q   p b x t k h

6 *Le message chiffré : à chaque chiffre correspond une lettre. Tu trouves le message (5 mots) :*

9	12	19	19	15	14	20	6	15	21	19

3	5	19		18	15	13	1	9	14	19

7 *Ces mots sont rangés dans l'ordre alphabétique :*
CITROËN   HONDA   PEUGEOT   TALBOT

Entre quels mots peux-tu placer **RENAULT** *et* **FORD** ?
Tu recopies les six mots sur ton cahier.

8 *Reproduis les points sur ton cahier.*
En les reliant suivant l'ordre alphabétique, tu obtiendras un objet :

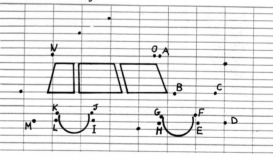

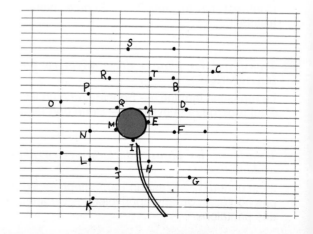

La syllabe

LE LOUP DE POMÉRANIE

- *Combien de syllabes comptent les mots suivants :*
loup - Poméranie - apprivoiser - bègue - bavard?

- *Lorsqu'on écrit, peut-on couper les mots suivants en fin de ligne? (oui? non?)*
loup - pour - bavard - Poméranie - sans.

- *Marque à l'aide de barres verticales les syllabes du mot :*
apprivoiser.

Pour apprivoiser un loup
Prenez un bègue bavard
Et sans plus aucun retard
Un loup devient un loulou...

ROBERT VIGNEAU, *Bestiaire à Marie*,
Éd. Nathan (Arc en poche).

Un mot est composé d'une ou plusieurs **syllabes.** Une syllabe contient toujours une voyelle prononcée !
/*pour*/ = une syllabe   *ba/vard* = deux syllabes
Po/mé/ra/nie = quatre syllabes

En fin de ligne, on peut couper un mot à la syllabe. En cas de consonne double, la coupure passe entre les deux consonnes : *syl/labe.*

1 *Indique le nombre de syllabes de chacun des mots suivants :*

avec — où — cependant — apercevoir — donc — impossible — Marc — certainement — dégringolade — accélération.

2 *Sépare les mots en syllabes par des barres verticales :*

toujours — mais — village — commencement — éclairer — extraordinairement — maisonnette — attendre — belle — ah !

3 *Un peu d'ordre ! Retrouve ces noms de métiers dont les syllabes ont été mélangées. Écris-les :*

lé	nis
té	
pho	te

gè	lan
bou	
	re

tri	
	é
lec	cien

ins	ce
tri	
tu	ti

in	cien
	ti
ma	for

4 *Encore des noms de métiers ! Trouve les syllabes manquantes. Écris-les :*

vétéri...re — ...firmière — mécani... — ...macienne
menui... — dessina... — journa...te — écri...

5 *En changeant uniquement la consonne de la première syllabe du mot* couche, *trouve quatre mots nouveaux.*
Exemple : couche → *bouche,* ...

6 *Dictées à préparer.*
Lis bien le texte. Étudie chaque phrase l'une après l'autre. Récris-les de mémoire :

- Un jour, un homme traversait un bois. Il trouva un loup pendu par le pied en haut d'un chêne.
« Homme, dit le loup, tire-moi d'ici pour l'amour de Dieu. »
- Le loup était pendu par le pied au haut d'un chêne. Il y serait mort si je ne l'avais dépendu.

· JEAN-FRANÇOIS BLADÉ, *10 Contes de loup,*
Éd. Nathan (Arc en poche).

Conjugaison

Nommer un verbe : l'infinitif

COMMENT CONSTRUIRE UN MOULINET

● *Tous les verbes placés en début de phrase sont à l'infinitif.*
Trouve d'autres verbes à l'infinitif dans le texte.
● **Le moulinet est prêt.**
Quel est l'infinitif du verbe de cette phrase ?

Matériel nécessaire : une feuille de carton souple, une épingle à tête, une petite baguette, deux perles, une règle, un crayon, une paire de ciseaux.

1 - Tracer un carré de 15 cm de côté dans la feuille de carton.
2 - Donner un nom à chacun des angles A □ B C D
3 - Joindre AD et CB.
4 - Marquer O : le point de rencontre de AD et de CB.
5 - Mettre un point sur chaque ligne à 2 cm de O.
6 - Découper le carré.
7 - Couper AO-BO-CO-DO jusqu'aux points tracés en 5.
8 - Replier une pointe sur deux sur O.
9 - Réunir ces points à l'aide de l'épingle après avoir enfilé la première perle.
10 - Enfiler la seconde perle et piquer l'ensemble sur la baguette de bois. Le moulinet est prêt. Bon vent !

● On désigne un verbe par son **infinitif**.
Coupons : infinitif *couper. Réunis :* infinitif *réunir.*
Construit : infinitif *construire.*

● On classe généralement les verbes d'après leurs **terminaisons à l'infinitif :**
— **-er** (*couper*) : 1er groupe ;
— **-ir** (*réunir ~ nous réunissons*) : 2e groupe ;
— **-re** (*construire*) : 3e groupe.

Un moyen de trouver rapidement l'infinitif d'un verbe : l'emploi du verbe **aller** *au présent.*

Exemple : **Pierre reçoit une lettre.**
→ **Pierre va recevoir** (*infinitif*) **une lettre.**

☐1 *Quel est l'infinitif des verbes suivants ?*

Il prend — tu pars — je cours très vite — nous buvons — ils voient bien — tu arrives — j'ai chaud — ils écoutent — il revient — vous pleurez.

☐2 *Écris l'infinitif du verbe de chaque phrase :*

Michel attend le car. — Nous sommes fatigués. — Il fait chaud. — Que se passe-t-il ? — J'ai dit la vérité. — Maman coud un bouton.

☐3 *Retrouve les verbes du 1er groupe de cette liste (infinitif en -er) et écris-les :*

il comprend — nous arriverons — tu offres — je reviendrai — il chantait — vous apercevez — ils travaillent — je me réveille — Avez-vous soif ? — il le remercie.

☐4 *Du nom au verbe. Écris à l'infinitif le verbe auquel te fait penser chaque nom :*
Exemple : **le plongeoir → plonger.**

le calcul	la fin	le passage
la vue	un saut	le bavardage
le regard	une punition	une boisson

☐5 *Emploie l'infinitif pour écrire une recette. Sers-toi des éléments donnés :*

(prendre, casser, mélanger, ajouter, laisser reposer, mettre au four, laisser cuire, déguster...)
(la farine, les œufs, le lait, le sel, le sucre, ...)

La phrase interrogative :
Est-ce que j'ai l'air de rigoler ?

JE M'APPELLE AFRIQUE

• *Lis le texte.*
• *Relève les phrases qui servent à interroger.*
Comment les reconnaît-on :
— à l'oral ?
— à l'écrit ?
• *Est-ce que j'ai l'air de rigoler ?*
Quelles sont les deux autres façons de poser la même question ?

— Eh, toi, tu es nouveau par ici ?
— D'où viens-tu ?
— Qu'est-ce qu'il fait, ton père ?
— T'as quel âge ?
— T'es en quelle classe ?
— Tu sais jouer au Belvédère ?
— Comment t'appelles-tu ?
— Je m'appelle Afrique.
— Afrique ? C'est pas un nom de personne, ça, c'est un nom de pays !
On riait.
— C'est pourtant comme ça que je m'appelle : Afrique.
— Sans blague ?
— Tu rigoles ?
— Tu te moques de nous ou quoi ?
— Est-ce que j'ai l'air de rigoler ?
Il n'en avait pas l'air.

DANIEL PENNAC, *L'œil du loup*, Éd. Nathan (Coll. Pleine Lune).

• Une **phrase interrogative** sert à **poser une question.**
Est-ce que *tu sais jouer au Belvédère ?* ⎫
Sais-tu *jouer au Belvédère ?* ⎬ trois phrases interrogatives possibles
Tu sais jouer au Belvédère ? ⎭

• À l'écrit, une phrase interrogative se termine toujours par un **point d'interrogation.**

---

[1] *Mets un point d'interrogation quand c'est nécessaire :*
Qui est là. — Comme il est grand. — Il ne viendra pas. — Quel est son nom. — Est-ce qu'il garde le troupeau. — Quelle chance. — As-tu bien réfléchi.

[2] *Transforme les phrases suivantes en phrases inter-rogatives :*
Le petit enfant est un nouveau. — Tu auras un toit pour dormir. — Le lama servira de cheval. — Ils aiment cette histoire.

[3] *Change la forme de la question d'après le modèle :*
Est-ce que tu viendras ? → Viendras-tu ?
Est-ce que tu as peur ? — Est-ce qu'ils appro-chent ? — Est-ce que vous connaissez ce chemin ? — Est-ce que nous arriverons à passer ?

[4] *Retrouve les phrases déclaratives correspondant à ces phrases interrogatives.*
Exemple : Est-ce que tu écoutes les conseils ? → **Tu écoutes les conseils.**
Aimes-tu les animaux ? — Tu as toujours tes parents ? — Est-ce qu'ils reviendront ?

[5] *Complète avec l'un des mots suivants :* **comment — qui — combien — où — quelle.**
. . . coûte ce tissu ? — . . . t'appelles-tu ? — . . . habites-tu ? — . . . est la couleur du lama ? — . . . est là ?

[6] *Retrouve les questions posées, qui ont obtenu les réponses suivantes :*
Ce livre coûte 30 F.
Oui, je sais monter à cheval.
J'ai huit ans.
Je vais en vacances au bord de la mer.

ÉCRIRE

[7] *Choisis deux personnages et imagine un court dia-logue (questions et réponses) :*
Julien et Aurélie, la nouvelle élève de la classe.
Monsieur Seguin et sa chèvre Blanquette, qui veut le quitter.
Le Chaperon Rouge et le loup.
La cigale et la fourmi.

Les mots dans le dictionnaire : ranger d'après la 2ᵉ lettre

DEVINETTE

Je t'invite à chasser
Un amphibie colosse,
Cornu mais peu féroce,
Lisse mais cuirassé,
Stupide mais sensé,
Rare mais carabosse.
Devine ce que c'est !

* L'otarhinocéros.

ROBERT VIGNEAU, *Bestiaire à Marie*, Éd. Nathan.

- *Repère puis écris tous les mots commençant par la lettre « c ».*
- *Range-les en ordre alphabétique. Quelle remarque peux-tu faire ?*
- *Qu'as-tu fait pour ranger* colosse *et* cornu *?*

- Pour ranger en ordre alphabétique des mots commençant par la même lettre, on tient compte de la deuxième lettre.

  carabosse — chasser — colosse.

- Pour les mots *colosse* et *cornu*, c'est la troisième lettre qui sert au classement.

---

1 *Où se trouve le groupe de deux lettres* ci *?*

entre c*a* et c*e*
entre c*h* et c*l*
entre c*o* et c*r*

Où se trouve pr *?*

entre p*a* et p*e*
entre p*h* et p*l*
entre p*o* et p*u*

Où se trouve al *?*

entre a*b* et a*f*
entre a*j* et a*m*
entre a*n* et a*r*

2 *Range dans l'ordre du dictionnaire les groupes de deux lettres :*

a*p*	c*r*	c*h*	m*u* m*i*
a*t* a*c*	c*i* c*a*		m*o*
a*f*	c*l*		m*a*
a*m* a*v*	c*o*		m*é*

3 *Dans chaque liste, un mot n'est pas à sa place alphabétique. Souligne-le et trouve la bonne place. Sur ton cahier, recopie la liste dans l'ordre correct :*

fatigue	rendez-vous	écarlate
fusée	rigueur	éditeur
fermier	rocheux	emploi
fidèle	raquette	égratigner
flamant	rumeur	électrique

4 *Range les mots dans l'ordre du dictionnaire :*

ligoter   losange   lavande   lessive
rhume   rumeur   récipient   romarin

5 *Comment ranger ces quatre mots ? Quelle lettre faut-il observer ?*

mannequin   machine   maritime   maigre

6 *Range dans l'ordre du dictionnaire en donnant un numéro :*

délicieux ○   dévier ○   déguster ○   député ○

7 *Écris ces suites de mots dans l'ordre alphabétique :*

mouton — meilleur — marcher — musée — minuit.
blanc — buffet — bonheur — bruit — bière.
suite — statue — sportif — sirop — serpent.

8 *Même exercice.*

Line — Louis — Lise — Léon — Luc.
Marc — Maurice — Martin — Marie — Mathieu.
Patrick — Paul — Philippe — Patricia — Paola.

9 *Place les noms :* Thomas, Claire, Marie, *dans la liste suivante. Écris-la.*
Adeline — Camille — Denise — Louise — Malika — Rose — Vanessa.

Vocabulaire

La lettre *h*, muette ou aspirée : *l'heure, le hibou*

AU TRAVAIL

• *Beaucoup de mots couramment utilisés commencent par la lettre* h. *Écris tous ceux du texte.*

• *Observe :* l'hôpital — la haute façade.
Mets au pluriel. Que remarques-tu ?

Comme d'habitude, en sortant de l'hôtel où il habitait, il regarda l'heure à l'horloge de la gare. Huit heures. Sans hâte, il se dirigea vers l'hôpital où il travaillait et dont la haute façade se dressait à l'horizon.

Une nouvelle journée commençait...

> • *h* est **aspirée** lorsque l'article qui précède peut être *le* ou *la* : *le* h*éros* — *la* h*auteur.*
> On ne fait pas la liaison au pluriel : *les/héros.*
>
> • *h* est **muette** dans les autres cas.
> L'article qui précède peut être *l'* : *l'*h*ôpital* — *l'*h*orloge.*
> On fait la liaison au pluriel : *les hôpitaux.*

---

1 | *Écris* le, la *ou* l' *devant les noms suivants :*

... hérisson — ... histoire — ... hotte — ... hameçon — ... hasard — ... hiver — ... hurlement — ... héron — ... huître — ... harpe.

2 | *Des mots à deviner. Ils commencent tous par la lettre* h. *Écris-les :*

C'est un oiseau de nuit : le ...
Avant aujourd'hui : ...
Elle sépare souvent deux champs : la ...
Elle annonce le printemps : l'...
La nourriture de la vache : l'...

3 | *D'un mot à l'autre. Trouve les verbes qui correspondent aux noms suivants. Écris-les à l'infinitif.*
Exemple : la hache → hacher.

| un hurlement | l'hésitation | le hennissement |
| l'habitation | l'huile | l'héritage |

4 | *Écris chaque mot à la place qui convient :* **le houx — la hanche — la housse — le hangar — le hochet.**

Un jouet pour bébé : ... — Une partie du corps : ... — Un arbuste vert et piquant : ... — Elle protège de la poussière : ... — On y range le tracteur : ...

5 | *Dictées à préparer.*
Apprends chaque phrase, puis récris-la de mémoire.

• Henri habite dans une haute tour au huitième étage.
• Avant l'hiver, les hirondelles partent pour les pays chauds.
• L'hélicoptère a une grande hélice horizontale.
• D'un coup de hache, Hugues a fendu la bûche de hêtre.

Le présent des verbes *être, avoir, aller*

Conjugaison

PORTRAIT D'UN AMI

Pierre n'est pas grand pour son âge. Il a les cheveux bruns, frisés. Ses yeux vifs ont la couleur du ciel. Son nez est fin, ses joues sont rouges-rosées. C'est mon meilleur ami. Il est toujours de bonne humeur.

Nous allons à l'école ensemble, nous sommes dans la même classe.

- *Lis le texte.*
- *Relève ce qui appartient à chacun des verbes étudiés.*
- *Écris la conjugaison de ces trois verbes au présent.*

Être		Avoir		Aller	
je	**suis**	j'	**ai**	je	**vais**
tu	**es**	tu	**as**	tu	**vas**
il, elle	**est**	il, elle	**a**	il, elle	**va**
nous	**sommes**	nous	**avons**	nous	**allons**
vous	**êtes**	vous	**avez**	vous	**allez**
ils, elles	**sont**	ils, elles	**ont**	ils, elles	**vont**

1 *Conjugue oralement au présent :* avoir le temps — être en forme — aller au cinéma.

2 *Écris toutes les phrases possibles en réunissant ce qui peut aller ensemble :*

Pierre ●	● sommes contents.
Ils ●	● est blond.
Nous ●	● êtes en vacances.
Je ●	● ont soif.
Vous ●	● va mieux.
Tu ●	● suis fatigué.

3 *Complète avec le verbe* aller *au présent :*

Où . . .-tu ? — Je . . . le chercher. — Ils . . . le voir. — Comment . . .-vous ? — Nous . . . au théâtre. — On . . . chez lui.

4 *Complète avec les verbes* être *ou* avoir *au présent :*

Quel âge . . .-vous ? — Qui . . .-vous ? — Où . . . nous ? — Comment . . .-il venu ? — Nous . . . gagné. — Ils . . . de la chance. — Elles . . . heureuses. — Tu . . . raison. — . . .-tu courageux ?

5 *Écris chacune des phrases au présent.*

Pierre était malade ; il est allé chez le médecin. — Nous avions peur ; nous étions inquiets. — J'irai à la piscine. — J'étais en avance.

6 *Relie ce qui peut aller ensemble.*

tu ●	● avons
elle ●	● vont
nous ●	● sommes
ils ●	● ont
je ●	● êtes
vous ●	● a
	● vas
	● es

La phrase exclamative :
Quel plaisir de te voir!

L'INVITÉE

- *Lis le texte.*
- *Relève les phrases qui indiquent l'étonnement, l'admiration, le plaisir...*
- *Comment distingue-t-on ces phrases : à l'oral ? à l'écrit ?*
- **Bonjour! Mon Dieu!...** *sont des exclamations.*

Ma petite Veruca, bonjour! Quel plaisir de te voir! Quel nom intéressant tu as! J'ai toujours pensé que c'était celui d'une sorte de verrue qu'on a sous la plante du pied! Mais je me trompe n'est-ce pas? Comme tu es mignonne dans ton joli manteau de vison! Comme je suis heureux que tu sois venue! Mon Dieu, quelle délicieuse journée nous allons passer ensemble! J'espère que tu y prendras plaisir! J'en suis même tout à fait sûr! Oui, tout à fait sûr! Ton père? Bonjour, Mr Salt! Mrs Salt! Enchanté de vous connaître! Oui, le ticket est bien en règle! Entrez, s'il vous plaît!

ROALD DAHL, *Charlie et la chocolaterie*, Traduction Elisabeth Gaspar,
© Gallimard (Coll. Folio Junior).

- **La phrase exclamative** sert à marquer l'étonnement, l'admiration, la joie, la douleur, la peur, la colère...

Elle est mignonne.
(phrase déclarative)

— Comme *tu es mignonne!*
— Que *tu es mignonne!*
— *Tu es mignonne!*

- À l'écrit, la phrase exclamative se termine toujours par un **point d'exclamation.**

---

1. *Transforme les phrases suivantes en phrases exclamatives. Emploie :* **comme — que — quel.**

Ce nom est bizarre. — Il est amusant. — Le personnage est sympathique. — La fillette est curieuse.

2. *Mets le signe qui convient :* **! ou ?**

« Êtes-vous tous là ... Bon ... Voulez-vous fermer la porte, s'il vous plaît... Merci ... »
« Comme c'est joli et douillet... chuchota Charlie.
— Oui. Et comme ça sent bon ... »

ROALD DAHL.

3. *Transforme ces textes. Écris les phrases à la forme exclamative, en employant* **quelle — que — comme.**

— C'est une belle journée. Le soleil brille. Il fait chaud. Il fait bon ne rien faire.
— C'est une magnifique voiture. Elle a un puissant moteur. Et puis le confort est excellent.

4. *Termine ces phrases librement, pour exprimer :*
l'admiration : Magnifique !...
l'étonnement : Oh !...
la joie : Super !...
la douleur : Aïe !...
la colère : Saperlipopette !...

5. *Écris trois phrases exclamatives pour faire parler :*
1. la petite souris   2. le lièvre   3. le renard.

Ouvrons le dictionnaire

Observe cette page de dictionnaire.
- *À quoi correspondent les deux mots écrits en majuscule en haut de la page ?*
— *En partant de cette page, cherche le mot* **pelote.**
- *Dans quel sens dois-tu tourner les pages, en avant ou en arrière ?*
- *Et si tu cherches le mot* **place** *?*

Pour trouver plus rapidement un mot dans le dictionnaire, on utilise les **mots-repères** placés en haut des pages.

1 *Tu écris les groupes de trois lettres commençant les mots de cette page :*

pi.   pi.   pi.   pi.   pi.

2 *Tu indiques où se trouvent les mots suivants :*

	avant cette page	sur cette page	après cette page
mineur			
pile			
pioche			
pivoine			
truite			

3 *Tu recopies les mots de chaque liste et tu soulignes ceux qui ne sont pas entre* **pilote** *et* **pipe.**

canot   pilule   pince   pinceau   pin   pinson
pomme   pintade   piscine   pingouin   pioche   piolet

4 *Tu recopies les mots de chaque liste et tu soulignes ceux qui ne sont pas entre les mots-repères :*

laideur/lance   flâner/flot
lait   flèche
lama   fleur
lac   fleuve
lame   fusée
lampe   flocon

5 *Dans le dictionnaire, chaque mot est suivi d'une ou plusieurs lettres. Que veulent dire ces lettres ?*

Tu relies :
- n.m. ●   ● verbe
- v. ●   ● adjectif
- n.f. ●   ● nom masculin
- adj. ●   ● nom féminin

6 *Tu fais comme dans le dictionnaire : après chaque mot tu ajoutes la ou les lettres.*

racine   renverser   renard
résistant   ongle   asperge

PILOTE   PIPE

pilote n. m. **1.** Marin qui aide les capitaines à conduire les navires dans les ports. **2.** Personne qui conduit un avion ou une voiture de course. *Le pilote a réussi à poser l'avion dans un champ. Elle est pilote de course.*
▶ **piloter** v. (conjug. 1) **1.** Conduire en tant que pilote. *Il aimerait apprendre à piloter un avion.* **2.** Servir de guide. *Elle nous a pilotés dans Paris.* → **guider.**
▶ **pilotage** n. m. **1.** Manœuvre d'un pilote de bateau. *Le pilotage est difficile dans ce port.* **2.** Conduite d'un avion, d'un hélicoptère. *L'avion a atterri en pilotage automatique.* ▷ COPILOTE.

pilotis n. m. Ensemble de pieux enfoncés en terre sur lesquels on bâtit une maison. *On construit les maisons sur pilotis quand le terrain est très humide.*

pilule n. f. **1.** *Une pilule,* c'est un médicament en forme de petite boule que l'on avale. *Des pilules pour la toux.* → aussi **comprimé, gélule. 2.** *La pilule,* c'est un médicament que prend une femme pour ne pas avoir d'enfant. *Elle prend la pilule.* → aussi **contraception.**

pimbêche n. f. Femme ou petite fille prétentieuse et désagréable.

piment n. m. Fruit des régions chaudes au goût très fort, brûlant, que l'on utilise comme épice. → aussi **poivron.**

pimpant adj. *Julie est toute pimpante, ce matin,* élégante et gracieuse. → **fringant.**

pin n. m. Arbre qui produit de la résine et dont les aiguilles sont toujours vertes. → **planche Arbres.** *Anne ramasse des pommes de pin.* ◇ homonyme : pain. ▷ PINÈDE.

pinacle n. m. *Ses amis le portent au pinacle,* disent beaucoup de bien de lui, le louent.

pince n. f. **1.** Instrument formé de deux branches, qui sert à saisir les objets et à les serrer. → **tenaille.** *Il a arraché le clou avec une pince. Les pinces à linge servent à suspendre le linge.* **2.** Extrémité des pattes de certains crustacés comme le homard, la langouste ou le crabe. *Yves mange des pinces de crabe.*

pinceau n. m. Instrument composé d'une touffe de poils au bout d'un manche, qui sert à étaler de la peinture. – **Au pl.** *Des pinceaux.*

pincer v. (conjug. 3) **1.** Serrer très fort entre les doigts ou entre deux objets. *Julie a pincé Alex au bras. Anne s'est pincé le doigt dans la porte.* **2.** *Elle pince les lèvres pour ne pas rire,* elle les rapproche et les rend plus minces.
▶ **pincé** adj. *Il m'a répondu d'un air pincé,* d'un air mécontent et prétentieux.
▶ **pincement** n. m. *Il a eu un pincement au cœur en voyant sa fille partir pour un mois,* il a eu un court moment d'angoisse et de douleur.
▶ **pince-sans-rire** n. m. et f. inv. Personne qui dit des choses drôles avec un air très sérieux. – **Au pl.** *Des pince-sans-rire.*
▶ **pincettes** n. f. pl. Longue pince qui sert à remuer les bûches dans le feu. – *Il n'est pas à prendre avec des pincettes,* il est de très mauvaise humeur. ▷ PINCE.

pinède n. f. Plantation de pins.

pingouin n. m. Gros oiseau de mer aux pattes palmées qui a un plumage noir et blanc. *Les pingouins vivent sur les banquises du pôle Nord.* → aussi **manchot.**

ping-pong [piŋpɔ̃g] n. m. inv. Tennis de table. *Les enfants ont fait plusieurs parties de ping-pong.*

pingre adj. Avare. *Elle est très pingre.*

pin's [pins] n. m. Ce mot vient de l'anglais. Petit insigne décoratif qui se pique sur un vêtement. *Elle collectionne les pin's.*

pinson n. m. Oiseau au plumage bleu verdâtre et au bec court, qui chante bien. *Flora est gaie comme un pinson,* elle est très gaie.

pintade n. f. Oiseau de la taille d'une poule, qui a un plumage sombre avec des taches claires. *Il chasse la pintade et le faisan.*
▶ **pintadeau** n. m. Petit de la pintade. *Des pintadeaux rôtis.*

pinte n. f. Mesure que l'on emploie pour les liquides en Grande-Bretagne, aux États-Unis et au Canada. *Il a bu une pinte de bière.*

pioche n. f. **1.** Outil formé d'un manche au bout duquel est fixé un fer dont une extrémité est pointue et l'autre aplatie et tranchante. *Le terrassier creuse le sol avec une pioche.* **2.** Tas de cartes ou de dominos où l'on pioche pendant la partie. *Il a pris une carte dans la pioche.*
▶ **piocher** v. (conjug. 1) **1.** Creuser avec une pioche. *Le jardinier pioche la terre.* **2.** *Tout est là, piochez dans le tas,* fouillez dans le tas et saisissez ce que vous voulez. **3.** Prendre une carte ou un domino dans un tas. *Julie a dû piocher deux fois.*

piolet n. m. *Les alpinistes taillent des marches dans la glace avec leur piolet,* avec un instrument qui ressemble à une petite pioche légère.

① **pion** n. m. Pièce du jeu de dames et de divers autres jeux. *Yves et Alex placent leurs pions sur le damier.*

② **pion** n. m., **pionne** n. f. **1.** Familier. Personne qui surveille les élèves, dans un lycée ou un collège. → **surveillant.**

pionnier n. m., **pionnière** n. f. **1.** Personne qui s'installe dans une région que personne n'a encore jamais habitée. → **Colon. 2.** n. m. et f. Personne qui, la première, fait une chose nouvelle. *Hélène Boucher est une pionnière de l'aviation.*

pipe n. f. Petit tuyau terminé à un bout par une partie évasée dans laquelle on met du tabac que l'on fume. *Jules fume la pipe.*

Extrait recomposé du dictionnaire *Le Robert Junior*, 1993, © Le Robert.

---

7 *Récris ces mots et indique à côté de chacun d'eux l'abréviation qui convient : n.m. ; n.f. ; v. ; adj.*

chapeau : . . . ; pierre : . . . ; joli : . . . ; lancer : . . . ;
horloge : . . . ; oiseau : . . . ; attendre : . . . ;
large : . . . .

Je choisis : *a* ou *à, et* ou *est*

PEUT-ON GARDER LA CHAUVE-SOURIS?

- *Lis le texte.*
- *Observe :*
  Elle a vécu...
  Mais à une condition...
  — *Où se trouve le verbe avoir ?*
  — *Quelle est la règle ?*
- *Observe :*
  Elle est apprivoisée. Mettez-la en cage et attendez.
  — *Où se trouve le verbe être ?*
  — *Quelle est la règle ?*

— Elle a toujours vécu en liberté..., murmura Mme Ushuari. Elle vit avec moi depuis plus de dix ans; à l'hôpital, jamais personne ne s'est aperçu de sa présence! Elle est très apprivoisée, elle comprend ce que je lui dis. Ce n'est pas un vampire! Vous n'avez pas à en avoir peur!

— Vous pouvez la garder, mais à une condition : mettez-la en cage, et qu'elle ne quitte jamais cette chambre!

CHRISTINE ARBOGAST, *Une grand-mère d'occasion*, Éd. Flammarion (Coll. Castor Poche).

- *a* sans accent est le verbe ***avoir***; il peut être remplacé par *avait : Elle* a *vécu → Elle* avait *vécu.*

- ***est*** est le verbe ***être***; il peut être remplacé par *était :*
Elle est *apprivoisée → Elle* était *apprivoisée.*

---

1 *Complète par à ou a :*
Quand elle … vu la chauve-souris, ma mère … demandé des explications … Mme Ushuari. Elle … eu peur, mais elle n'… pas crié.

2 *Complète par est ou et :*
La maison … calme; parents … enfants sont endormis. La chauve-souris volette … dévore mille insectes. L'animal … vorace … habile. Il n'… jamais dangereux pour l'homme.

3 *Complète par a, as ou à :*
Tu … une machine … laver électronique. — Combien … -tu dépensé … la kermesse ? — C'est … neuf heures qu'elle m'… donné rendez-vous … Paris. — Bonjour … tous.

4 *Complète par es, et ou est :*
Quel … ton nom? — Comment … -tu venu? — Tu … courageux, c'… une qualité rare. — Il … tard. — Pierre … Simone ne viendront plus. — …-tu sportif? Où … ton cheval ?

5 *Dictées à préparer.*
Attention aux consonnes doubles et aux lettres muettes.

- La bête a disparu dans la brousse. Le fourré est très épais. Il n'est pas prudent de poursuivre.
- Il est dangereux, à la chasse, d'abandonner un fauve blessé.
- Diara a léché la petite main qui pendait sur le drap. L'enfant a enfoncé ses doigts dans la toison chaude.

Le présent des verbes en -er (1er groupe)

Conjugaison

LE TOURNOI

- *Quel est l'infinitif des verbes soulignés ?*
- *À quel groupe appartiennent-ils ?*
- *À quel temps sont-ils écrits ?*
- *Choisis un verbe du texte et conjugue-le entièrement au présent.*

Face à face, les deux adversaires s'observent un instant à travers les fentes de leur heaume. Les chevaux piaffent d'impatience, la foule retient son souffle. Soudain, le signal donné, c'est l'affrontement. Les deux champions lancent leur destrier. Avec une violence terrible, les deux adversaires se frappent de leur lance. Émilie chancelle mais tient bon. Elle retourne à sa place et se prépare à une nouvelle manche.

HENRIETTE BICHONNIER, *Émilie et le crayon magique*, Éd. Hachette (Coll. Livre de poche Jeunesse).

Les verbes terminés par **-er** à l'infinitif appartiennent au 1er groupe.

1re *personne*	*je*	frapp**e**	*nous*	frapp**ons**
2e *personne*	*tu*	frapp**es**	*vous*	frapp**ez**
3e *personne*	*il, elle*	frapp**e**	*ils, elles*	frapp**ent**

Attention ! 3 formes différentes à l'oral, 5 formes différentes à l'écrit. Observe bien les terminaisons.

---

1 *Parmi ces verbes, quels sont ceux qui appartiennent au premier groupe ?*

nous avançons — il arrive — nous buvons — tu reviens — vous partez — ils terminent.

2 *Écris les verbes suivants à la 2e personne du singulier. Exemple :* **tu écoutes.**

écouter — passer — parler — travailler — manger — danser — aimer — laver.

3 *Écris les verbes suivants à la 3e personne du pluriel. Exemple :* **ils (elles) dorment.**

donner — attraper — jouer — sauter — dessiner — bavarder — regarder — porter.

4 *Écris au présent :*

Pierre est tombé dans un trou. — J'ai marché très longtemps. — Les secours sont arrivés. — Nous terminerons épuisés. — Tu renonceras à ce voyage.

5 *Mots croisés.*

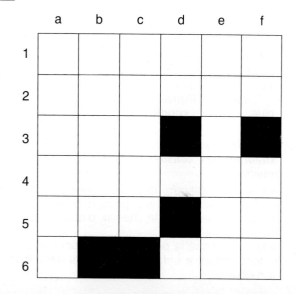

1. Présent du verbe *écouter*. 1re pers. du sing.
2. Présent du verbe *tasser*. 2e pers. du sing.
3. Terre entourée d'eau.
4. Nom formé à partir du verbe *renvoyer* : le r...
5. Présent du verbe *être*. 3e pers. du sing. Première et dernière lettres de *Noël*.
6. Présent du verbe *user*. 3e pers. du sing.

---

a. Présent du verbe *étirer*. 2e pers. du plur.
b. Présent du verbe *caler*. 2e pers. du sing.
c. Présent du verbe *oser* : 3e pers. du plur.
d. *su* à l'envers.
e. Présent du verbe *téter*. 1re pers. du plur.
f. Présent du verbe *être*. 2e pers. du sing. Terre entourée d'eau.

La lettre

Caluire, le 23 juin 1995

Chère Mamie,

Papa et maman sont d'accord pour que je vienne la semaine prochaine. Je prendrai l'avion, tout seul comme un grand. Ne t'inquiète pas, il y a une hôtesse de l'air qui m'accompagnera jusqu'à ce que tu viennes me chercher. J'arriverai jeudi prochain à 10 heures du matin.

J'ai hâte de te voir et de jouer avec mon cousin David.

À bientôt. Je t'embrasse très fort !

Xavier

- Relève les renseignements qui sont donnés en haut de la lettre.
- Relève le nom de celui qui écrit (et qui signe) : l'expéditeur. Note à qui la lettre est destinée : le destinataire.
- Relève les différents renseignements qui sont donnés par cette lettre.
- Recopie la dernière ligne, celle qui termine la lettre.

- Quand tu écris une lettre, tu dois :
— indiquer **la date** et **le lieu** ;
— commencer par l'**en-tête** (*Chère Mamie*) ;
— dire clairement et brièvement l'**essentiel** ;
— finir par une petite **phrase personnelle** (*Je t'embrasse*) ou une **formule de politesse** (*Meilleurs sentiments*) ;
— ne pas oublier de **signer**.

1 *En suivant les conseils et en t'inspirant de la lettre de Xavier, tu vas écrire une courte lettre à ton grand-père ou à un oncle ou une tante.*

- *N'oublie pas de commencer par indiquer* le lieu *et* la date.

- *Pense à trouver* un en-tête *qui convienne. (Les grands-parents, les oncles ou les tantes ont souvent des petits noms amusants et affectueux.)*

- *Dis en quelques phrases simples et claires pourquoi tu écris : tu peux donner des indications pour un cadeau, une visite que tu vas faire, tu peux raconter ce que tu as fait, etc.*

- *Termine par une petite phrase affectueuse et n'oublie pas de signer.*

- *Relis-toi et vérifie si tu n'as pas fait de grosses erreurs.*

Production de textes

2 *Récris cette lettre en remettant de l'ordre. Rappelle-toi les conseils qui t'ont été donnés et relis la lettre de Xavier.*

Oncle Jules,

J'espère que j'en recevrai une demain. / Mon cher Félix, / Depuis ton départ, je n'ai aucune nouvelle et je commence à être un peu inquiet. / Hier, le facteur n'a pas laissé de lettre. / Je t'embrasse / Aujourd'hui non plus. / Le chien est malade. / Le chat va bien. / Je vais l'amener chez le vétérinaire. / Si tu n'as pas le temps d'écrire, téléphone. / Marseille, le 30 avril 1995.

3 *Maxime a écrit deux lettres. Il a oublié l'en-tête, la petite phrase de la fin et la signature. Recopie les lettres et complète-les avec : **Mon cher tonton,** ou **Monsieur le Chef de Gare** / **Gros bisous** ou **Je vous remercie.** / **Maxime Lecourbe** ou **Max.***

Ne t'inquiète pas, mon pauvre tonton. J'ai tardé à t'écrire parce que je pensais que tu n'étais pas à la maison. Je vais très bien, comme le chat. Je me demande si le vétérinaire a bien soigné le chien. Tu me donneras des nouvelles. Je t'enverrai des cartes postales et je te téléphonerai.

J'ai oublié une cage et mon canari jaune sur le banc du quai de votre gare, hier matin, en prenant le train de 10 heures. Je suis très inquiet. C'est un oiseau fragile et le vétérinaire m'a bien dit de ne pas le laisser dans les courants d'air. Si vous l'avez trouvé, pouvez-vous téléphoner à mon oncle, André Piveteau, au 99 00 87 65 ?

4 *Tu vas répondre à cette première lettre d'un correspondant. N'oublie pas les conseils qui t'ont été donnés. Lis bien les questions que ton correspondant pose et donne-lui des réponses claires.*

Bordeaux, le 25 novembre 1995

Cher correspondant,

J'ai eu ton adresse par mon maître. Accepterais-tu de m'écrire régulièrement ? J'aime les timbres et les animaux. Et toi ? Es-tu déjà venu en Aquitaine ? Habites-tu une maison ou un appartement ? Je ne connais pas les Vosges et je voudrais bien visiter l'endroit où tu habites. J'espère que nous deviendrons bons copains.

Amitiés. Clément Schaeffer

La phrase impérative : *Sois sage !*

UN ABANDON

● *Quelles phrases sont :*
a) des ordres ?
b) des conseils ?
● *Invente deux phrases impérati-*
ves. N'oublie pas la ponctuation.

« Donne-moi ce chien ! »
L'enfant serra contre lui la petite boule de poils chauds.
« Aymeric ! donne-moi ce chien !
— Obéis à ton père, dit la mère, sans se retourner.
— Non ! »
La gifle fit mal à l'enfant, si mal qu'il leva les deux mains pour se protéger d'une seconde. Le père en profita pour prendre le chiot par la peau du cou et aller le déposer sur l'herbe du bas-côté...
« Je t'avais prévenu, dit-il, et arrête de pleurer, sans ça tu en prends une autre. »

RENÉ ESCUDIÉ, *Grand loup sauvage*, Éd. Nathan (Coll. Arc en poche).

● La **phrase impérative** sert à exprimer **un ordre** : *Tais-toi !* ou **un conseil** : *Sois prudent, couvre-toi bien.*

● À la forme négative, elle exprime une défense, une interdiction : *Ne traîne pas en chemin !*

1️⃣ *Copie les phrases impératives :*
Ne crie pas. — Quel désordre ! — Où êtes-vous ?
— Suivez les flèches. — Viens ici ! — Comme il est grand ! — Va chercher du pain ! — Écoute-moi !

2️⃣ *Transforme les phrases suivantes en phrases impératives.*
Exemple : **Tu dois t'en aller** → **Va-t'en !**

Tu dois te taire. — Vous devez cesser de bavarder. — Vous devez écouter. — Nous devons chanter ensemble. — Tu ne dois pas manger de chocolat.

3️⃣ *Dans un livre de cuisine, recherche une courte recette et recopie les verbes à l'impératif.*

ÉCRIRE

4️⃣ *En quelques phrases impératives, écris quels ordres, quels conseils tu peux donner à un automobiliste.*

(Pense : à la vitesse, au stop, au feu rouge... à la boisson, à la ceinture de sécurité, au bon entretien de la voiture, à la fatigue au volant...)

23

Des mots de la même famille

SAUT EN HAUTEUR

- *Certains mots du texte se ressemblent. Tu les relèves. Font-ils penser à la même chose ?*
- *Tu trouves le nom de l'insecte qui fait de petits sauts dans l'herbe.*

Les athlètes se préparent pour sauter le plus haut possible. Certains se réchauffent en sautillant. D'autres courent en direction du sautoir. Tout est prêt et le premier sauteur se présente. Il prend son élan, fait un bond mais heurte la barre, qui tombe.

Ces mots qui se ressemblent et qui font penser à la même chose ou à la même idée forment une **famille de mots**.

1 *À l'aide des images, tu trouves les mots qui manquent à chaque famille :*

soupe   souper   . . . .

mont   . . . .   montagneux

 . . . .   naviguer   navigateur

. . . . nicher   nichée   . . . .

2 *Tu trouves l'intrus dans chaque colonne et tu l'écris.*

glisser	marche	flotter
glissade	marbre	flot
glissement	marcheur	flotteur
gland	marcher	flacon

3 *Dans chaque ligne, tu soulignes les mots d'une même famille :*

rêve   rêverie   revivre   reverdir   rêveur
pilote   pince   piment   pincette   pincer   pinson
clarinette   classer   classeur   client   classement

4 *Tu regroupes les mots pour faire deux familles :*
orange ombre ombrelle oranger ombrage orangeade ombrageux

5 *Tu trouves trois mots de la famille **nager**.*
(Utilise les carreaux de ton cahier.)

| n | a | g | e |

| n | a | g | e | r |

Celui qui se déplace dans l'eau à l'aide de ses bras et jambes. → . . . . . .

Permet au poisson de se déplacer dans l'eau.
→ . . . .

Sport pratiqué à la piscine, dans l'eau.
→ . . . .

Je choisis : *on* ou *ont*, *son* ou *sont*

CONNAIS-TU CES PROVERBES ?

- *Essaie d'expliquer le sens de ces phrases.*
- *Compare les mots qui ont même prononciation.*
Essaie d'en expliquer l'orthographe.

Comme on fait son lit on se couche.
On dit que les cordonniers sont les plus mal chaussés.
Plus on est de fous, plus on rit !
Méfiez-vous, les murs ont des oreilles !

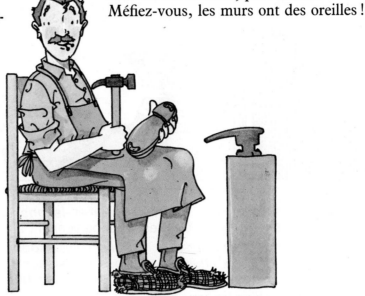

- **On** (pronom) peut se remplacer par *il, quelqu'un.*
  Ont (verbe **avoir**) peut se remplacer par *avaient.*

- **Son** (déterminant) peut se remplacer par *mon.*
  Sont (verbe **être**) peut se remplacer par *étaient.*

---

1 *Complète par* **on** *ou* **ont** *:*

... frappe à la porte et ... entre. — Mes amis ... reçu ma lettre. — Pierre et François ... les yeux bleus, ... dirait des jumeaux.

2 *Complète par* **son** *ou* **sont** *:*

... père et ... frère ... pêcheurs. — Les bateaux ... entrés au port. — Les chargements ... importants. — Les poissons ... nombreux et variés.

3 *Écris au pluriel :*

L'enfant a de la fièvre ; il est malade. — L'alpiniste est heureux ; il a vaincu le sommet. — Le chasseur est bredouille ; il n'a rien rapporté.

4 *Apprends et récris de mémoire deux des proverbes ci-dessus.*

5 *Dictées à préparer.*

Attention aux nombreux accords dans ces textes

- *Automne.* Les arbres ont de belles couleurs. Dans son abri, l'écureuil range ses provisions. Les hirondelles sont prêtes à partir. Soir et matin, on a un peu de brume.

- *Cueillette.* C'est la saison des fruits. On cueille les pommes, les poires, le raisin. Dans les bois, on ramasse les châtaignes. Dans les haies, les mûres sont bien noires.

Conjugaison

Le présent des verbes en *-ir* (2ᵉ groupe)

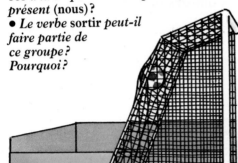

- *Quel est l'infinitif des verbes soulignés ?*
- *À quel temps sont-ils écrits ?*
- *À quelles personnes ?*
- *Comment se terminent ces verbes à la 1ʳᵉ personne du pluriel, au présent (nous) ?*
- *Le verbe sortir peut-il faire partie de ce groupe ? Pourquoi ?*

BUT !

Pascal <u>bondit</u> ! Ballon au pied, il <u>franchit</u> le milieu du terrain, <u>réussit</u> à passer à Michel qui évite un adversaire, puis deux, <u>choisit</u> le meilleur angle de tir et frappe la balle. Celle-ci <u>atterrit</u> dans les filets.

Les spectateurs debout <u>applaudissent</u> les champions. Les clameurs <u>emplissent</u> le stade.

Les verbes terminés par **-ir** à l'infinitif et **-issons** à la première personne du pluriel du présent appartiennent au 2ᵉ groupe.

Je choisis	*nous choisissons*
tu choisis	*vous choisissez*
il, elle choisit	*ils, elles choisissent*

Observe bien les terminaisons.

Attention ! 4 formes différentes à l'oral. 5 formes différentes à l'écrit.

1 *Quels verbes appartiennent au deuxième groupe ?*

finir — blanchir — lever — partir — rougir — guérir — venir — fleurir — prendre — offrir — obéir.

2 **Il bondit — ils bondissent.** *Sur ce modèle, écris les verbes suivants :*

obéir — avertir — réfléchir — gravir — bâtir.

3 *Écris la personne manquante :*

. . . remplissons — . . . saisit — . . . guérissez — . . . établissent — . . . bâtis — . . . avertissez — . . . réfléchis — . . . franchissons.

4 *Écris les verbes suivants à la 2ᵉ personne du singulier. Exemple :* **Tu marches.** *Que peux-tu dire des terminaisons ?*

marcher — pâlir — chercher — réussir — penser — rougir — changer — saisir.

5 *Écris les phrases suivantes au présent :*

Jean-Paul a franchi 1,50 m en hauteur.
Pierre finira ses devoirs rapidement.
Ce chien a bondi sur le rôdeur.
Les avions ont atterri à l'heure.
Nous avons applaudi longuement.

6 *Relie ce qui va ensemble :*

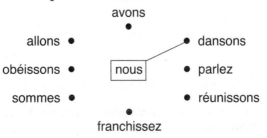

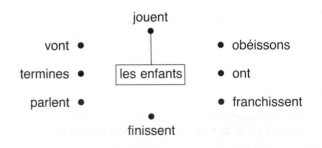

Phrases affirmatives, phrases négatives :
Julien est habile : il n'est pas maladroit.

TRISTE SIRE!...

- *Écris le contraire des phrases suivantes :*
Il n'avait pas faim.
Il n'avait pas soif.
Quels mots supprimes-tu?
- *Ces mots servent à la transformation négative.*
Observe leur place dans la phrase.
- *Quel est le contraire de :*
Je ne suis content de rien.
Il n'aime ni les oiseaux ni les fleurs.

À quelque temps de là, le seigneur de l'Ours-Noir appela son majordome.

— Je ne suis content de rien, lui dit-il, trouve-moi une distraction. Si tu ne trouves pas, tu seras fouetté.

— Voulez-vous, puissant seigneur, que j'appelle vos jardiniers et qu'ils vous apportent des fleurs surprenantes?

— Non, toutes les fleurs sont laides. Je n'en aime aucune. Je m'ennuie.

Le majordome était embarrassé. Que pouvait-il proposer?

Le seigneur n'avait pas faim. Il était rassasié de gigots et de poulardes, de tartes et de crèmes.

Le seigneur n'avait pas soif. Il n'aimait ni les oiseaux ni les fleurs.

PIERRE GAMARRA, *La rose des Karpathes*, Droits réservés.

> À l'aide des mots : **ne... pas, ne... plus, ne... jamais, ne... rien, ne... personne...** on peut transformer des phrases affirmatives en phrases négatives.
>
> *J'ai faim.* ⟶ *Je n'ai pas faim.*
> *Je n'ai plus faim.*
> *Je n'ai jamais faim.*

1. *Transforme les phrases suivantes en phrases négatives, à l'aide de ne... pas ou ne... jamais :*
Le seigneur est heureux. — Il est content de son majordome. — Il a toujours ce qu'il veut. — Il aime les fleurs. — Il écoute souvent les oiseaux.

2. *Transforme les phrases suivantes en phrases affirmatives :*
Le seigneur ne fouette jamais son majordome. — Il n'est pas injuste. — Il n'effraie pas ses serviteurs. — Le seigneur n'est pas un homme malheureux. — Il n'est jamais triste.

3. *Écris à la forme négative. Utilise : ne... plus, ne... rien, ne... personne.*
Il aime tout. — Je vois quelqu'un. — J'entends quelque chose. — Il y a quelqu'un. — Je vois quelque chose. — J'en veux encore.

4. *Écris à la forme affirmative :*
Je n'en veux plus. — Il ne mange pas beaucoup. — Il ne pleut jamais. — Je n'y vais pas souvent.

5. *Corrige ces phrases qui sont incorrectes à l'écrit :*
J' veux pas y aller. — J' sais pas. — J'ai jamais vu ça. — J'aime pas les haricots. — J'en mange jamais. — Y'a personne. — J'entends rien.

6. *Dis le contraire. Emploie la double négation.*
Exemple : Il aime le café et le chocolat.
Il n'aime ni le café ni le chocolat.
Il prend le métro et le train.
Il écoute son père et sa mère.
Tu lis des romans et des poèmes.
Les enfants jouent aux cartes et aux dominos.

ÉCRIRE

7. *Un règlement curieux! Lis-le, puis récris-le de manière plus conforme à la loi.*
Il faut traverser en dehors des passages protégés.
On doit faire du vélo sur le trottoir.
Le cycliste n'est pas obligé de s'arrêter au feu rouge.
La nuit, il n'est pas interdit de rouler sans éclairage.

27

Vocabulaire

Les familles de mots : mot simple, mots dérivés (1)

- *Tu écris les mots qui se ressemblent.*
- *Comment sont-ils formés ?*
- *Dans chaque mot, tu encadres la partie mot simple.*
- *Sont-ils allongés par la fin ou par le début ?*

froid adj. **1.** *La neige est* FROIDE (≠ chaud). — **2.** *Paul a un regard* FROID (= dur ; ≠ chaleureux). ◆ **froid** adv. **1.** (sens 1) *Il fait* FROID *ce matin.* — **2.** *Ce métal se travaille* À FROID, *sans qu'on le chauffe.* ◆ **froid** n. m. (sens 1) *Marie craint le* FROID, *les températures froides* (≠ chaleur). ● (sens 2) *Paul et moi, nous sommes* EN FROID, *fâchés.* ◆ **froidement** adv. (sens 2) *Il nous a accueillis* FROIDEMENT, *sans empressement* (≠ chaleureusement). ◆ **froideur** n. f. (sens 2) *Il nous a reçus avec* FROIDEUR (= réserve ; ≠ chaleur). ◆ **refroidir** v. (sens 1) *La soupe va* REFROIDIR, *devenir froide* (≠ chauffer). ● (sens 2) *Son ardeur* SE REFROIDIT, *diminue.* ◆ **refroidissement** n. m. (sens 1) *On annonce un* REFROIDISSEMENT *de la température* (≠ réchauffement).

Maxi-Débutants, © Larousse 1986.

- À partir du mot simple *froid,* on a formé d'autres mots : *froidement, froideur, refroidir...*
- Ce sont des **mots dérivés** : ils forment une famille de mots.

1️⃣ *Dans chaque famille, tu soulignes le mot simple :*

chanter	dentiste	exactement
chant	dentition	exactitude
chanteuse	dentaire	exact
chantonner	dent	inexact

2️⃣ *Dans chaque mot dérivé tu encadres la partie mot simple :*

fleur ir	fleuriste	refleurir
longueur	longuement	allonger
montagne	montagneux	montagnard

3️⃣ *Tu indiques par un cadre l'endroit où le mot a été allongé : par la fin ou par le début.*

rond rond e rond elle ar rond ir

lourd	lourdeur	lourdement	alourdir
. . . . .	parfumer	parfumeur	parfumerie
. . . . .	trotter	trotteur	trottiner

4️⃣ *Tu trouves deux mots dérivés de* **plat** *:*

De la vallée, nous montons sur le . . .
Le rouleau passe sur le goudron pour l' . . .

5️⃣ *Sur ton cahier, tu complètes le tableau avec des mots de cette page :*

mot simple	mot allongé par le début	mot allongé par la fin	mot allongé par le début et par la fin
lent	/	lentement	ralentir
. . . . .	/	fleuriste	. . . .

Il y a encore 11 mots simples dans cette page !

Les verbes en *-ier, -uer, -ouer* au présent : ce qu'on entend — ce qu'on écrit

- *Écris l'infinitif des verbes soulignés.*
- *À quel groupe appartiennent-ils ?*
- *Pour chacun de ces verbes, écris au présent les personnes suivantes :* je, tu, il, elles.
- *Compare ce qu'on entend avec ce qu'on écrit.*

LA PIÈCE D'ARGENT

Madame Lepic : Tu n'as rien perdu, Poil de Carotte ?

Poil de Carotte : Non, maman.

Madame Lepic : Pourquoi dis-tu non, tout de suite, sans savoir ? Retourne d'abord tes poches.

. . . .

Madame Lepic : Un fils qui aime sa mère lui <u>confie</u> tout. Je parie que tu as perdu ta pièce d'argent. Je n'en sais rien, mais j'en suis sûre. Ne <u>nie</u> pas. Ton nez <u>remue</u>.

JULES RENARD, *Poil de Carotte.*

Les verbes comme *cri**er**, rem**uer**, j**ouer*** sont des verbes du 1er groupe. Au présent, à l'écrit, ils se terminent par *e, es, e... ent.*

On entend : [ʒə kri]
[ty rəmy]
[il ʒu]

On écrit : je cri**e**
tu remu**es**
il jou**e**

---

1. *Écris l'infinitif des verbes suivants :*

tu plies — il cloue — elles colorient — je distribue — tu éternues.

2. *Écris les verbes suivants à la 2e personne du singulier. Exemple :* **tu distribues.**

vous distribuez — vous avouez — vous continuez — vous oubliez — vous copiez.

3. *Écris les verbes suivants à la 1re personne du singulier. Exemple :* **je scie.**

nous scions — nous marchons — nous suons -- nous remercions — nous secouons.

4. *Écris les verbes au présent :*

Tu (*parier*) et tu ne (*gagner*) pas. — Pierre (*jouer*) de la trompette. — Il (*remuer*) les pieds sans arrêt. — Je (*scier*) et je (*clouer*) des planches.

5. *Dictées à préparer.*
Distingue bien ce que tu vois de ce que tu entends. Attention aux lettres muettes !

- Chaque jour, le facteur trie le courrier et le distribue. Il n'oublie jamais de nous apporter le journal.
- Le menuisier cloue, scie, rabote les planches. Il manie ses outils avec adresse.
- En automne, les jours diminuent. L'écureuil continue à faire ses provisions pour l'hiver.

Conjugaison

Le futur des verbes *être, avoir, aller*

UN JOUR...

- *À quel temps, à quelles personnes sont écrits les verbes du texte ?*
- *Quelle remarque peux-tu faire sur leurs terminaisons ?*
- *Écris chacun de ces verbes au futur.*

Un jour je serai capitaine. J'aurai un grand trois-mâts et j'irai sur les mers lointaines...
Viendras-tu avec moi ?...

Être	Avoir	Aller
Je ser**ai**	J' aur**ai**	J' ir**ai**
tu ser**as**	tu aur**as**	tu ir**as**
il, elle ser**a**	il, elle aur**a**	il, elle ir**a**
nous ser**ons**	nous aur**ons**	nous ir**ons**
vous ser**ez**	vous aur**ez**	vous ir**ez**
ils, elles ser**ont**	ils, elles aur**ont**	ils, elles ir**ont**

Terminaisons : *-ai, -as, -a, -ons, -ez, -ont,* précédées de *r.*

1 *Conjugue oralement au futur :*
avoir le temps
être en retard
aller à la piscine.

2 *Copie seulement les phrases au futur :*
Nous allons chez ma tante. — Ils sont arrivés. — J'irai demain. — Je n'ai pas peur. — Seront-ils là ? — Aurons-nous le temps ? — Nous n'irons plus. — Tu seras bien content.

3 *Complète avec le verbe* avoir *ou le verbe* être *au futur :*
Je n'...... pas le temps de finir. — Nous ...... en vacances bientôt. — Nathalie ne ...... pas en retard. — Les acteurs ...... beaucoup de succès. — Elles ...... ici ce soir.

4 *Écris les phrases suivantes au futur :*
Où vas-tu ? — Ils ont du beau temps. — Le soleil est brûlant. — Ils vont en forêt. — Comme tu es fière !

5 *Relie ce qui peut aller ensemble.*

auras
serai •   • vas
iras •   [tu]   • aurai
as •   • allons
seras

sont
iront •   • auras
seront •   [ils]   • auront
serons •   • aurons
vont

6 Rêve d'avenir.

Observe les vignettes et fais parler le personnage :
Quand je serai grand, je serai..., j'aurai...

Globi au Cirque, Renard poche, École des loisirs.

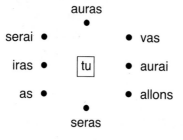

Faire une phrase

1 *Tu fais une phrase avec chaque ensemble de mots. Tu recopies ces trois phrases sans oublier points et majuscules :*

a rencontré	cinéma	ne plaît
Sophie	veulent aller	mais leur
ses amies	elles au	le film
		pas

2 *Julien a écrit quatre phrases.*
Tu les retrouves, car il a oublié de mettre les points et les virgules. (Pense aux majuscules.)

quand je pars pour l'école mon chat vient me caresser je ferme la porte et il va à la fenêtre je lui fais signe et il me regarde maman dit qu'il remue sa queue

Donner un ordre

3 *Écris ces phrases en utilisant la deuxième personne du singulier de l'impératif.*
Exemple : Verser l'eau doucement → Verse l'eau doucement.

Mélanger les œufs et la farine.
Agiter fortement le flacon.
Recopier l'exercice sur le cahier.
Faire attention en traversant.

4 *Écris ces phrases en utilisant l'infinitif.*
Exemple : Bats les œufs en neige. → Battre les œufs en neige.

Mets le four à chauffer.
Coupe le poulet en morceaux.
Prépare la sauce.
Lave la salade.

5 *Écris ces phrases en utilisant l'infinitif.*
Exemple : Ne traversez pas sans regarder → Ne pas traverser sans regarder.

Ne gênez pas la fermeture des portières.
Ne jetez pas les bouteilles vides.
Ne mettez pas les pieds sur les banquettes.
N'ouvrez pas cette porte.

Jeu poétique

6 *Certains mots se ressemblent parce qu'on y entend les mêmes sons.*
Par exemple : Gaëtan est épatant *ou* Madrid est splendide.
Mais aussi : Vanessa est vaniteuse *ou* Montréal est mon régal...

À ton tour, écris des phrases en te servant de prénoms que tu trouveras dans un calendrier, ou en cherchant des noms de villes sur une carte dans un atlas.

Reconstitution de texte

7 Autrefois vivaient en Lombardie deux chevaliers qui s'aimaient comme deux frères, et leurs femmes s'aimaient comme deux sœurs. Ils eurent chacun un petit garçon le même jour.

SARAH CONE BRYANT, *Contes du petit prince pain d'épice,*
Éd. Nathan (coll. Histoires à raconter).

Expression écrite

Remplacer *il y a*

1 *Tu écris chaque phrase en remplaçant* il y a *par un verbe plus précis.*
Le groupe souligné vient au début de la nouvelle phrase.

Il y a des moineaux dans la cour.

→ Des moineaux picorent dans la cour.

Il y a un chat dans le grenier.

Il y a un écureuil sur la branche.

Il y a un gros coq dans le pré.

2 *Tu écris en une seule phrase.*

Les mousquetaires portaient un chapeau. Il avait des plumes. → Les mousquetaires portaient un chapeau à plumes.

J'ai choisi une tapisserie. Elle est bleue. Elle a des fleurs. → . . .

Je porte un pull-over. Il est blanc.

Il a le col roulé. → . . .

Raconter un fait

3 *Observe les trois images et raconte l'histoire du chat d'Anna.*

Avec les mots qui te sont donnés, ou d'autres, écris des phrases pour chaque image.

— Le chat, le chat noir, le chat d'Anna, Minet, le rebord, l'immeuble, l'étage, la cabine, le téléphone, les pompiers, le camion, la grande échelle, le vertige.

— inquiète, affolée, bien installé, tranquille, agile,
— apercevoir, appeler, ne pas bouger, téléphoner, arriver, grimper.

Jeu poétique

4 *À quoi penses-tu ?*
Par exemple : le mot nuit *peut faire penser à tous les mots qui sont dans les branches de cette étoile...*

Construis des étoiles avec les mots : jour, hiver, été, *ou d'autres que tu choisiras.*

Reconstitution de texte

5 **Les chèvres de M. Seguin**

M. Seguin n'avait jamais eu de bonheur avec ses chèvres.

Il les perdait toutes de la même façon ; un beau matin, elles cassaient leur corde, s'en allaient dans la montagne, et là-haut le loup les mangeait.

ALPHONSE DAUDET, *Lettres de mon moulin.*

Je mets la ponctuation

L'ÉMOTION D'UNE PETITE FILLE

- *Lis le texte avec la meilleure intonation possible.*
- *Relève tous les signes de ponctuation qui t'ont aidé à bien lire.*
- *Essaie d'expliquer l'emploi de chacun d'eux.*

(Cosette vient de recevoir une magnifique poupée.)

Elle finit par s'approcher, et murmura timidement en se tournant vers la Thénardier :

« Est-ce que je peux, Madame ? »

Aucune expression ne saurait rendre cet air à la fois désespéré, épouvanté et ravi.

— Pardi ! fit la Thénardier, c'est à toi. Puisque Monsieur te la donne.

— Vrai, Monsieur ? reprit Cosette, est-ce que c'est vrai ? C'est à moi, la dame ?

D'après VICTOR HUGO, *Les Misérables.*

Les signes de ponctuation permettent :
— de marquer les limites des phrases,
— d'en noter les différentes intonations,
— donc de lire plus aisément.

---

1 *La virgule marque une légère pause dans la phrase. Place les virgules manquantes :*

La Thénardier remua toussa fit craquer sa chaise. — Elle ne pleurait plus elle ne criait plus elle avait l'air de ne plus respirer. — Ma petite Cosette reprit la Thénardier d'un air caressant Monsieur te la donne. — Cette Thénardier faisait tout dans le logis : les lits les chambres la lessive la cuisine la pluie le beau temps le diable.

2 *Les deux points s'utilisent pour expliquer, ou pour citer. Dans ce cas, ils précèdent souvent les guillemets. Place les deux points manquants :*

Quand on l'entendait parler, on disait c'est un gendarme ; quand on la regardait boire on disait c'est un charretier ; quand on la voyait manier Cosette on disait c'est le bourreau.
On disait dans le village « Ces Thénardier sont de braves gens. »
L'homme n'avait qu'une pensée s'enrichir.

VICTOR HUGO

3 *Qui est musicienne, dans la première phrase ? et dans la seconde phrase ?*

Ma mère dit : Sophie est musicienne.
Ma mère, dit Sophie, est musicienne.

4 *Les guillemets s'emploient pour rapporter les paroles d'une personne. Le tiret marque le changement d'interlocuteur dans une conversation.*
Place les signes manquants : « », —.

L'homme resta un moment sans parler, puis il dit brusquement : Tu n'as donc pas de mère ?
Le Thénardier fit son rire froid, et dit : Il payera.

Petite, quel âge as-tu ?
Huit ans, Monsieur.
Et viens-tu de loin comme cela ?
De la source qui est dans le bois.

VICTOR HUGO

5 *Place les signes de ponctuation manquants :*
(. , : « » ! ?)

L'étranger le regarda fixement … Thénardier continua … Comme c'est drôle … On s'attache … Qu'est-ce que c'est que tout cet argent-là … Reprenez donc vos pièces de cent sous … C'est une enfant que j'adore …

VICTOR HUGO

6 *Imagine un court dialogue entre deux enfants. Écris-le.*

Pierre revenait de la pêche. Il rencontra Jacques.
— ....
— .... etc.

33

Les familles de mots : mot simple, mots dérivés (2)

SPECTACLE DE PATINAGE

• *Retrouve les mots qui se ressemblent et qui font penser à la même famille.*
• *Quel est le mot simple ?*
• *À partir de quels mots simples sont formés les mots suivants :*
décourage - doucement - lentement.

Julien apprend à patiner. Il glisse sur ses patins. Quelquefois, il perd l'équilibre et s'écroule sur la patinoire. Alors Anna se moque de lui. Mais il ne se décourage pas. Il repart doucement, lentement, reprend de l'assurance, tente un virage, se redresse... Ses jambes tremblent mais il ne tombe pas. Ça y est, il patine presque !

• Les **préfixes** s'écrivent devant le mot simple pour former des mots dérivés : *dé*courager, *en*courager...

• Les **suffixes** s'écrivent derrière le mot simple pour former des mots dérivés : lent*ement*, patin*eur*, patin*oire*.

---

1 *Tu trouves le mot simple, lorsque tu connais des mots dérivés :*

mots dérivés	faiblesse faiblir faiblement	poudrer poudrier poudreux	muraille emmurer murette	raconter conter conteur
mot simple	. . . .	. . . .	. . . .	. . . .

2 *On peut former un mot dérivé en allongeant le mot simple par le début :*

	dé	re . . . .
monter	. . . .	. . . .
boucher	. . . .	. . . .
coller	. . . .	. . . .
plier	. . . .	. . . .

3 *On peut former un mot dérivé en allongeant le mot simple par la fin :*

	. . . . er	. . . . . . .eur
chant	. . . .	. . . .
plant	. . . .	. . . .
dans	. . . .	. . . .
nag	. . . .	. . . .

4 *Récris les mots suivants et entoure les préfixes.*
un supermarché — un minibus — encadrer — international — un inconnu — un surhomme.

5 *Écris les adjectifs contraires (préfixe anti) :*
Un appareil contre le vol : un . . . .
Une peinture contre la rouille : . . . .
Des phares contre le brouillard : des . . . .
Un vaccin contre la grippe : . . . .

6 *Récris les mots suivants et entoure les suffixes :*
Un navigateur — le patinage — l'allumette — l'agrafeuse — la balançoire — clairement.

7 *Écris les noms formés du suffixe euse.*
Pour percer, éplucher, essorer, tondre, balayer, il faut : une . . . .

Unité 7 - 3

J'écris le son [s] :
dessus, cette, extraction

DESCENTE EN ENFER !

- *Recherche dans le texte les mots contenant le son* [s].
- *Écris-les.*
- *Entoure les différentes écritures de* [s].
En connais-tu d'autres ?
- *Écris un mot nouveau pour chacune d'entre elles.*
Retiens : la scie
les sciences
l'ascension.

— Qu'est-ce que c'est que ça ? Cette chaudière doit contenir vingt et une personnes et je n'en trouve que dix-huit ! Qu'est-ce que ça veut dire ? Et le feu est presque éteint ! Qu'est-ce que c'est que ce travail ? Alors, ce n'est plus l'Enfer, ici, c'est la Côte d'Azur ? Allez, vivement, soufflez-moi là-dessus, et que ça bouille ! Et quant à vous, mon petit ami (il s'adressait à notre jeune diable), quant à vous, puisque vous n'êtes pas capable d'entretenir un feu, on va vous mettre à l'extraction de la houille !

PIERRE GRIPARI, *Le gentil petit diable et autres contes de la rue Broca*,
© Éd. de la Table Ronde, 1967.

Le son [s] peut s'écrire :
s souffler **ç** ça
s s dessus **t** extraction
c cette **s c** descente

1 *Complète par* s *ou* ss.

une bro...e — la vite...e — il pen...e — un bui...on — va...te — la val...e — une ...ouris — il pa...e — la ...ortie — a...ez — au...i.

2 *Complète par* c *ou* t.

le méde...in — de la fi...elle — une puni...ion — la gla...e — l'avia...ion — une ...erise — le ber...eau — la direc...ion.

3 *Place une cédille quand c'est nécessaire.*

un glacon — merci — le recu — une balance — une balancoire — ma ceinture — un Francais — voici — le macon — le concierge.

4 *D'un mot à l'autre. Double le* s *quand c'est possible. Écris le mot nouveau.*
Exemple : le désert → le dessert.
le poison — une ruse — base — pose — case — mon cousin.

5 *Chasse de chaque liste les mots qui ne conviennent pas (les « intrus »). Explique pourquoi.*

— le soir — une liste — la ruse — un geste.
— avancer — un lacet — tracer — l'école.

6 *Dictées à préparer.*

● La benne se balançait dans le vent. Le balancement n'en finissait pas. La grue n'était pas aussi facile à conduire qu'un camion. Quelle douceur, quelle souplesse il fallait !

D'après MICHEL-AIMÉ BAUDOUY, *Le garçon du barrage*,
Éd. de l'Amitié.

● — Monsieur, qu'est-ce que c'est donc que les rats ?

— C'est des souris.

Cette explication rassura un peu l'enfant. Il avait vu dans sa vie des souris blanches et il n'en avait pas eu peur.

D'après VICTOR HUGO.

35

Conjugaison

Le futur des verbes en *-er* et en *-ir*

- *Quel est l'infinitif des verbes du texte ?*
— *À quels groupes appartiennent-ils ?*
— *À quel temps, à quelles personnes sont-ils écrits ?*
- *Quelles remarques peux-tu faire sur les terminaisons ?*

UN JOUR...

« Un jour on démolira
Ces beaux immeubles si modernes
On en cassera les carreaux
de plexiglas ou d'ultravitre
On démontera les fourneaux
construits à polytechnique
On sectionnera les antennes
collectives de télévision
on dévissera les ascenseurs
on anéantira les vide-ordures... »

D'après RAYMOND QUENEAU, extrait de « Grand Standigne » in
Courir les rues, Éd. Gallimard, 1967.

Verbe du 1ᵉʳ groupe : **Casser**	Verbe du 2ᵉ groupe : **Démolir**
je casser**ai**	je démolir**ai**
tu casser**as**	tu démolir**as**
il elle casser**a**	il, elle démolir**a**
nous casser**ons**	nous démolir**ons**
vous casser**ez**	vous démolir**ez**
ils, elles casser**ont**	ils, elles démolir**ont**

1 *Conjugue oralement :* habiter la campagne.

2 *Indique l'infinitif des verbes suivants :*
nous crierons — nous applaudirons — tu réuniras — tu remercieras — tu liras — je bâtirai — je saisirai — je remuerai — elles riront — elles avoueront.

3 *Recopie seulement les verbes au futur :*
nous remplissons — vous rougirez — il parlera — tu réfléchis — nous finirons — ils réunissent — elles obéiront — tu remercies.

4 *Écris au futur :*
On applaudit le vainqueur. — Les enfants écoutent attentivement. — Nous choisissons un bon disque. — Yves ne danse pas beaucoup. — Vous rougissez.

5 *Écris le verbe au temps et à la personne demandés. (N'oublie pas les lettres qui ne se prononcent pas !)*
avouer (*présent 3ᵉ pers. du sing*), crier (*futur 2ᵉ pers. du sing.*), obéir (*futur 1ʳᵉ pers. du plur.*), distribuer (*présent 3ᵉ pers. du sing.*), atterrir (*présent 3ᵉ pers. du plur.*), remercier (*futur 3ᵉ pers. du plur.*).

6 *Relie ce qui peut aller ensemble :*

saisis

vas • • parlerai

franchis • je • marches

chante • • bondira

guérirai

ÉCRIRE

7 *On prépare Noël.*
Écris un court texte au futur (4 ou 5 phrases) pour raconter ce qui se passera bientôt dans la classe. (Des idées pour t'aider : fabriquer des guirlandes, des étoiles, décorer les murs, les vitres, planter le sapin, le garnir, préparer un goûter...)
Bientôt, nous . . . .

8 *En quatre ou cinq phrases, raconte ce que tu feras quand tu n'iras plus à l'école. (Parle du métier que tu choisiras.)*
Un jour, je n'irai plus à l'école, je ...

Phrases étendues — Phrases réduites

L'ORAGE

- Lis le texte.
- Quelle est la phrase la plus courte ?
De quoi se compose-t-elle ?
- Sur ce modèle, raccourcis les deux premières phrases du texte. Quels groupes, quels mots as-tu supprimés ?
- Choisis d'autres phrases du texte et raccourcis-les.

Il tonna toute la nuit. Le tonnerre gronda sans se ménager. Il couvrait de ses roulements sombres toute la campagne. Les éclairs s'ouvraient et se fermaient comme des ciseaux de feu. La foudre tomba sur un pin qui craqua et s'abattit. La maison tremblait. Le sous-sol, en ses profondeurs, répercutait les grondements. Enfoui sous mes couvertures, je pensais à la rivière. Sous la flamme bleue des éclairs, elle devait luire sinistrement.

HENRI BOSCO, L'enfant et la rivière, Éd. Gallimard.

Une phrase réduite ne contient plus que **les mots essentiels,** ceux qui ne peuvent être supprimés.

Une phrase réduite donne peu d'informations. On l'appelle aussi **phrase minimale.**

La maison tremblait.
Je pensais à la rivière. } sont des phrases minimales.

---

1 **Raccourcis le plus possible les phrases suivantes. Tu ne gardes que les mots essentiels.**

Depuis ce matin, la pluie tombe sans arrêt.
Un violent orage a déraciné ce chêne.
À cause de ces pluies, la rivière débordera sûrement.
Bientôt, le vent chassera les lourds nuages gris.
L'an dernier, à cette époque, le soleil brillait tous les jours.

2 **Allonge les phrases réduites à l'aide des groupes donnés. Écris les phrases étendues. Place bien la ponctuation.**

Il pleut. (en automne — souvent)
Le ciel se couvre. (lentement — de gros nuages noirs)
Le facteur distribue le courrier. (chaque jour — à onze heures)
Pierre va à la pêche. (avec des amis — près du moulin — chaque dimanche)

3 **Certaines de ces phrases réduites sont incorrectes. Lesquelles ?**
Complète-les pour les rendre correctes.

La pluie a cessé. — Le soleil est revenu. — Nathalie prend. — Un arc-en-ciel brille. — À cinq heures le thé. — Viendrons te chercher. — Sylvain fait. — Tu enlèves.

4 **Ajoute librement ce qui manque pour former une phrase minimale.**

Michèle plante — Le vent arrache — Julien termine — Ce chemin conduit — La mer a creusé.

5 **Choisis trois phrases ci-dessus et allonge-les avec des informations complémentaires.**

ÉCRIRE

6 **Écris une phrase pour chaque vignette. Réunis ces phrases pour raconter l'histoire.**

Vocabulaire

Grouper les mots — Le mot-étiquette

LA RÉUNION DES ANIMAUX

- *Quels sont les animaux sauvages du texte ?*
- *Le chat peut-il être classé avec eux ?*
- *Comment grouper ces animaux ?*

Les hiboux, les grives, les coucous, les pies, les faisans, les moineaux, les alouettes, les rouges-gorges tombent du ciel dans un bruit de plumes. Les renards se faufilent entre les troncs et s'installent en silence. Les blaireaux, les belettes se glissent avec la famille des serpents... Le vieux sanglier-chef se redresse en disant :

« Mes chers amis, nous sommes au complet. La séance est ouverte. »

ANNE-MARIE CHAPOUTON, *Janus le chat des bois,*
© Castor Poche/Flammarion.

Les hiboux, les grives, les coucous... sont des oiseaux.
OISEAUX est le **mot-étiquette.**

---

1 *Tu copies et tu encadres le mot-étiquette qui est dans chaque liste :*

moustique insecte hanneton fourmi
papillon mouche abeille

chemise veste tricot manteau jupe vêtement
anorak

2 *Tu trouves le mot-étiquette (qui n'est pas dans la liste) :*

truite goujon carpe
anguille   . . . .

3 *Tu trouves le mot-étiquette :*

camembert roquefort
gruyère cantal   . . . .

bleuet coquelicot
marguerite iris   . . . .

4 *Tu trouves le mot-étiquette :*

La pomme est un . . . .

Le poireau est un . . . .

Le pain est un . . . .

5 *Tu relies de gauche à droite par une flèche :*

| bière •
eau de javel •
vin •
cidre • | liquide
•
•
•
• | pour boire
•
•
•
• pour nettoyer | fait avec
• du raisin
• des pommes
• du houblon |

6 *En suivant les flèches, tu essaies de faire comme dans le dictionnaire .*

bière : liquide, pour boire, fait avec du houblon.
eau de javel : . . . . , ...

vin : . . . . , ... , ...
cidre : . . . . , ... , ...

Je choisis entre *ou* et *où*

CHEZ LE MÉDECIN

- *Dans le texte, combien de mots prononcés* [u] *peuvent être remplacés par « ou bien » ?*
Comment s'écrivent-ils ?
- *Qu'indique* [u] *écrit avec un accent ?*

— Attention, ne confondons pas. Est-ce que ça vous chatouille, ou est-ce que ça vous grattouille ?

— Ça me grattouille, mais ça me chatouille bien un peu aussi.

— Où cela, par ici ?

— Là. Ou peut-être là... Entre les deux.

— Juste entre les deux ? Est-ce que ça ne serait pas plutôt un rien à gauche, là où je mets mon doigt ?

D'après JULES ROMAINS, *Knock*, Éd. Gallimard.

- **Ou** indique un choix ; on peut le remplacer par **ou bien** : *du café* **ou** *du thé.*
- **Où** indique un endroit, un lieu : **Où** *habites-tu ?*

1 *Complète soit par* ou, *soit par* où :

... vas-tu ? — Je ne sais pas ... il habite. — Il ira en train ... en avion. — Préfères-tu la mer ... la montagne ? — Il faut choisir : c'est l'un ... l'autre.

2 *Même exercice :*

... est sa place ? — Par ... passez-vous ? — C'est à prendre ... à laisser. — Par ... est-il passé ? — Par ici ... par-là ? — D'... sortez-vous ?

3 *Retrouve les questions posées, auxquelles répondent les phrases suivantes.*

Ils habitent près de la mairie. — Je viens de Paris. — Sa voiture est au garage. — Il passe par là. — Ils vont en Espagne.

4 *Dictée à préparer.*

- — Appelez-moi docteur. Répondez-moi « oui, docteur », ou « non, docteur ».
— La santé n'est qu'un mot... Je ne connais que des gens plus ou moins atteints de maladies plus ou moins nombreuses à évolution plus ou moins rapide.

KNOCK.

ÉCRIRE

5 *La bonne réponse. Où se trouve Lyon ? Sur la Loire ou sur le Rhône ? Sur ce modèle, écris quatre questions que tu poseras à tes camarades. (Pense aux pays, aux villes, aux montagnes, aux animaux...)*

Le futur proche : *Il va réussir*

LE DÉPART DE LA COURSE

- *À quel temps est écrit ce texte ?*
- *Relève les verbes à l'infinitif. Beaucoup d'entre eux sont précédés d'un verbe au présent. Quel est ce verbe ?*
- *Relis le texte au futur simple.*
- *Quelles différences perçois-tu entre les deux futurs ?*

Bientôt, les bolides vont bondir. Déjà, les moteurs rugissent. Chaque pilote va essayer de prendre rapidement la meilleure place. Nous allons assister à une lutte passionnante. Qui va être champion ce soir ?

Le **futur proche** (futur 2) est formé du verbe *aller* au présent suivi d'un **infinitif**.

Je vais *partir*. — Nous allons *gagner*.

---

1 *Conjugue oralement au futur proche :* travailler — réussir — venir.

2 *Écris au futur proche :*
Le départ sera donné. — Il gagnera la course. — Vous le féliciterez. — Je prendrai des photos. — Nous aurons des souvenirs.

3 *Même exercice :*
J'aurai peur. — Tu seras près de moi. — Ils auront de la chance. — Michel sera courageux. — Nous serons inquiets. — Vous aurez de la patience.

4 *Écris au futur en* **-rai** *(ou futur simple) :*
Nous allons réfléchir. — Elle va aller mieux. — Je vais choisir. — Tu vas écouter. — Les enfants vont applaudir. — Vous allez rougir.

5 *Même exercice :*
Vous allez saluer. — Tu vas oublier. — Ils vont continuer. — Je vais copier. — Elle va jouer.

6 *Relie ce qui peut aller ensemble.*

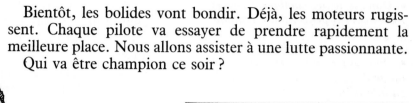

écouteras

vas revenir •   • bondira

lèvera •   tu   • vas partir

vas aller •   • garniras

vas être

ÉCRIRE

7 **Je vais réparer le pneu crevé de ma bicyclette.** *Julien explique à Sandrine comment il va s'y prendre. Il emploie le futur proche. Écris un court texte. (Pense à : retirer la roue, démonter le pneu, sortir la chambre à air, chercher le trou, mettre une rustine…)*

8 *Raconte comment les campeurs vont planter leur tente. Emploie le futur proche.*

La recette

MOUSSE AU CHOCOLAT

- **Relève tous les renseignements précis sur : la quantité de chocolat, le temps de réfrigération, le matériel nécessaire.**
- **Relève les verbes et écris à quel mode ils sont employés (impératif ou infinitif).**
- **Retrouve ce qu'il faut faire tout au début de la préparation. Écris ce qu'il faut faire en dernier.**

Pour 4 personnes

Ingrédients et matériel nécessaires :
125 g de chocolat noir
4 œufs
une casserole
un fouet électrique
un saladier
une cuillère en bois
quatre ramequins

Préparation :
Faire fondre le chocolat au bain-marie. Remuer jusqu'à ce qu'il soit lisse. Séparer les jaunes d'œufs des blancs. Mélanger les jaunes et les verser dans le chocolat tiédi.

Battre les blancs en neige très ferme et les incorporer au mélange. Verser dans les ramequins et placer au réfrigérateur pendant douze heures. Décorer avec une feuille de menthe ou des écorces d'orange.

● Pour écrire une recette, il faut :

— donner des renseignements précis concernant la **préparation** *(ingrédients, matériel, quantité, etc.)* ;

— donner des consignes claires et brèves pour la **réalisation** *(verbes à l'infinitif ou à l'impératif)* ;

— respecter **l'ordre des actions** à accomplir *(un verbe par action)*.

---

1 *Tu vas récrire la recette de la mousse au chocolat en la modifiant suivant les trois indications ci-dessous :*

● *Cette recette est pour 8 personnes. (Attention, tu dois être très précis sur les quantités, les ingrédients, le matériel nécessaire.)*

● *Les verbes doivent être à l'impératif. Par exemple, « Faire fondre » deviendra : « Faites fondre... »*

● *L'ordre des actions à accomplir doit être strictement respecté. (Tu peux être encore plus précis en employant des petits mots comme d'abord, ensuite, puis, et, enfin...)*

2 *Récris la recette de la ratatouille en complétant avec les verbes de la liste ci-dessous. Écris ces verbes à l'infinitif.*

N'oubliez — laissez — ajoutez — faites — coupez — pelez — choisissez.

La ratatouille

. . . . de belles tomates, une grosse aubergine, deux poivrons et trois courgettes. . . . .-les et . . . . -les en rondelles et en morceaux. Dans une cocotte, ... revenir dans l'huile d'olive deux oignons et deux gousses d'ail. . . . . les légumes et un peu de vin blanc et . . . . cuire une trentaine de minutes. . . . . pas de parfumer avec du thym et du laurier.

Production de textes

3 *Remets de l'ordre dans cette recette. Chaque étape doit être à sa place si on veut la réussir.*

Omelette aux lardons
(pour 2 personnes)

Faire chauffer de l'huile. Verser les quatre œufs battus sur les lardons. Casser les œufs. Les battre deux minutes à la fourchette. Faire dorer dans l'huile chaude une douzaine de lardons. Plier l'omelette en deux. Saler et poivrer.

4 *Lis attentivement cette recette. Écris la liste des ingrédients nécessaires pour la réaliser, puis la liste du matériel et le temps de réalisation nécessaires.*

Glace Tlilxochitl
(nom du chocolat frais à la vanille, au Mexique)

Pour 4 personnes :
125 g de chocolat à pâtisser - 1 sachet de sucre vanillé - 4 jaunes d'œufs - 300 g de crème fraîche - 1 dl de lait cru - 4 cuillerées à soupe d'eau - 1 pincée de sel.

Préparation
À l'avance, mettez à rafraîchir la crème fraîche dans le freezer. Faites fondre le chocolat, avec l'eau, le sel et le sucre, en remuant sans cesse.

Battez les jaunes dans une terrine et versez peu à peu dessus le chocolat très chaud, sans cesser de remuer avec la spatule. Continuez de battre jusqu'à ce que le mélange refroidisse un peu. Mettez au frais.

Fouettez la crème fraîche. Mélangez-la rapidement à la crème au chocolat, avec légèreté.
Mettez à glacer, pendant 5 heures environ.

5 *Récris cette recette en remplaçant les verbes à l'infinitif par des verbes à l'impératif.*
Exemple : Éplucher... → Épluche...

Les blancs de seiche à la Provençale

— Éplucher les blancs et les gratter.
— Vider l'intérieur et enlever l'os.
— Découper en fines lanières.
— Faire revenir, dans de l'huile d'olive, un oignon et deux gousses d'ail.
— Verser les blancs, saler, poivrer.
— Ajouter les herbes de Provence.
— Finir avec un coulis de tomates fraîches.
— Laisser cuire à feu doux.

6 *Lis cette recette. Écris la liste des ingrédients avec les quantités nécessaires pour la réaliser.*

Veau Marengo

● Couper une livre de jarret de veau en gros dés. Les faire revenir dans une cuillerée d'huile avec deux oignons et trois tomates coupés en morceaux.
● À part, faire cuire une demi-livre de champignons et les ajouter à la viande.
● Lorsque c'est doré, saupoudrer d'une grosse cuillerée de farine.
● Ajouter un demi-verre de vin blanc et trois cuillerées de bouillon, puis une pincée de sel, du poivre et une gousse d'ail entière.
● Cuire une heure trente à deux heures.
● Servir avec du persil haché et des croûtons frais.

7 *Écris la recette du plat que tu préfères. N'oublie pas de donner un titre, le nombre de personnes, les ingrédients, le matériel et l'ordre exact des opérations.*

Le groupe nominal sujet (GN 1) et le groupe verbal (GV)

LE PETIT LAC

- *Lis le texte.*
- *Raccourcis les phrases du texte afin d'obtenir des phrases minimales.*
Exemple : **Le petit lac dormait →** **Le lac dormait.**
- *En utilisant* **c'est… qui,** *sépare chaque phrase en deux groupes.*
Exemple : **C'est le lac qui dormait.**
- *Par quel petit mot pourrais-tu remplacer* **le lac ?**

Le petit lac dormait. De larges peupliers l'enveloppaient. Leur feuillage dressait, à contre-jour, une haie sombre. Les uns s'élevaient presque au ras de l'eau sur de faibles lagunes. D'autres barraient l'horizon tendre. Une clarté cristalline éclairait encore le ciel.

Le rivage était rocheux. Un bois épais de chênes verts assombrissait les eaux.

Au milieu du lac reposait une île.

D'après HENRI BOSCO, *L'enfant et la rivière*, Éd. Gallimard.

- La **phrase minimale** est constituée de **deux groupes.**
  Un bois / assombrissait les eaux.
  Un bois : groupe nominal sujet **(GN sujet ou GN 1)**, *assombrissait les eaux :* groupe verbal **(GV).**
- Le GN sujet peut être remplacé par *il(s)* ou *elle(s).*

1 *Réduis la phrase, puis sépare-la en deux groupes : GNS et GV. Utilise : c'est … qui.*

La barque glissait entre les roseaux.
Demain, nous visiterons l'île mystérieuse.
L'équipage aborda le rivage à la tombée de la nuit.

2 *Copie chacune des phrases suivantes et souligne le GN sujet :*

Une chapelle se dressait au sommet de l'île.
Après une heure de marche, nous atteignîmes la petite église.
Une forêt de pins couvrait la colline.

3 *Copie chacune des phrases suivantes et souligne le GV :*

De nombreux oiseaux habitaient dans les roseaux.
Un sentier faisait le tour de l'île.
Un petit village dominait des pentes rocailleuses.

4 *Repère les GN sujets des phrases suivantes. Sois bien attentif. Emploie c'est… qui.*

Sous les feuilles se cache la violette.
Le soir venu, le rossignol chantait.
Dans ce poirier niche un couple de pies.
En novembre tombent les premières neiges.

5 *Complète chaque phrase avec un GN sujet qui convient :*

Moteur hurlant, ... fend l'eau à grande vitesse.
Par beau temps, ... font du pédalo.
Sous l'effet du vent, ... se forment à la surface du lac.

6 *Écris l'histoire de chaque vignette, puis réunis le tout pour avoir l'histoire complète :*

Les aventures de Jo, Zette et Jocko,
« Le stratonef H22 », 2e épisode,
Destination New York, © Hergé, exclusivité Casterman.

Expression écrite

Utiliser le mot juste

1 *Connais-tu ces animaux? Dis s'ils ont des poils, des plumes, des écailles.*
Exemple : **Le lièvre est un animal à poils.**

le lièvre — la sardine — le tigre — l'aigle — le colibri — le rouget — le Saint-Bernard — le poney.

2 *Complète les phrases avec les verbes :* **braire, coasser, croasser, hululer, siffler.**

La grenouille . . . au bord de la mare.
Le corbeau . . . au sommet du chêne.
L'âne . . . parce qu'il a faim.
Dans l'herbe, le serpent . . . pour protéger sa fuite.
Perchée sur sa branche, la chouette . . . .

3 *Complète les phrases avec l'adjectif de la liste qui te semble convenir le mieux :* **leste, puissant, trapue, craintif, indépendante.**

Le chat mène une vie . . . .
Le taureau a un cou . . . .
Le ouistiti attrape les objets d'un geste . . . .
Le lapin surveille son terrier : il est . . . .
Ce chien a de petites pattes, ce qui lui donne une allure . . . .

Placer une virgule

4 *On peut placer une virgule pour séparer plusieurs mots, comme dans cette phrase :*
Cet homme portait une veste à carreaux, un chapeau rond, une chemise sans col et des souliers de clown.

Tu écris chaque phrase en plaçant les virgules à l'endroit convenable :

Ses grands yeux étaient doux son pelage roux son museau était barbouillé ses oreilles pendaient.

Son plumage était bariolé son bec long et fin sa queue magnifique.

Il était petit mince avec un visage gracieux des yeux pétillants des cheveux coupés en brosse.

Jeu poétique

5 *Continue aussi loin que tu pourras l'« Inventaire »
commencé par Jacques Prévert.*

Une pierre
deux maisons
trois ruines
quatre fossoyeurs…

Reconstitution de texte

6 Ah! Qu'elle était jolie la petite chèvre de Monsieur Seguin! Qu'elle était jolie avec ses yeux doux, sa barbiche de sous-officier, ses sabots noirs et luisants, ses cornes zébrées et ses longs poils blancs qui lui faisaient une houppelande.

ALPHONSE DAUDET, *La chèvre de Monsieur Seguin.*

J'écris le son [ã] :
chanter, vendre, camper, trembler

TITRES, AFFICHES, ANNONCES

- *Relève tous les mots contenant le son* [ã].
- *Classe à part les mots où tu trouves -am ou -em.*
- *Cherche d'autres exemples.*

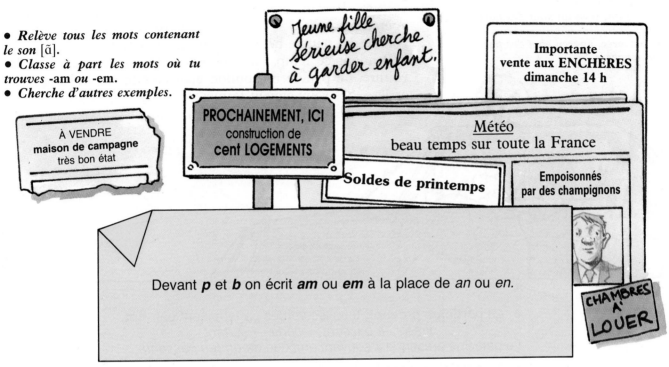

Jeune fille sérieuse cherche à garder enfant.

PROCHAINEMENT, ICI
construction de
cent LOGEMENTS

Importante
vente aux **ENCHÈRES**
dimanche 14 h

À VENDRE
maison de campagne
très bon état

Météo
beau temps sur toute la France

Soldes de printemps

Empoisonnés
par des champignons

CHAMBRES À LOUER

Devant **p** et **b** on écrit **am** ou **em** à la place de *an* ou *en*.

---

1. *Écris les mots suivants avec l'orthographe actuelle :*
une [dã] — le [vã] — [grã] — [ãkɔr] — [dãs] — une [lãp] — [ãpɔrte] — [ʃãte] — la [ʒãb] — [nɔvãbr].

2. *Il y a trois mots à enlever de cette liste. Lesquels ? Pourquoi ?*
client — content — brillent — occident — changent — absent — document — chantent.

3. *Mets le mot qui convient à sa place :* **tente** *ou* **tante** *—* **ancre** *ou* **encre** *—* **amande** *ou* **amende**.
Le campeur a planté sa ... — Le bateau a jeté l'... — J'écris avec un stylo à ... — L'automobiliste paye une ... — L'... est un fruit sec — Je passe mes vacances chez ma ...

4. *Chasse les intrus de cette liste. Explique pourquoi.*
une enveloppe — un examen — un incendie — un ennemi.

5. *Voici une comptine, écrite par Victor Hugo, dont tous les vers se terminent par* [ɔ̃]. *Sur ce modèle, écris un petit poème dont tous les vers se termineront par* [ã].

> Dans la ville de Besançon
> On a trouvé un poisson
> Qui chantait une chanson
> Au marchand de hameçons
> Qui n'aimait pas le poisson
> Préférait le saucisson
> Et donna ses hameçons
> Au poisson
> Zon !

6. *Dictées à préparer.*
- L'homme adressa des paroles violentes à l'enfant. Je ne les compris pas. Il parlait une langue bizarre. L'enfant, loin de trembler, répondit avec colère.
- Le moindre mouvement me semblait dangereux : un geste maladroit, une branche cassée, tout pouvait me trahir. Je serais découvert, saisi, ligoté.
- Leurs feux se reflétaient, en tremblant, dans la rivière, maintenant luisante et noire.

D'après HENRI BOSCO, *L'enfant et la rivière*, Éd. Gallimard.

Participe présent — Participe passé

ON A RETROUVÉ LE MISTOUFLON !

- *Quelles actions se font au même moment ?*
- sortant, passant *sont des participes présents.*
- renversé, aperçu *sont des participes passés.*

— J'ai trouvé le mistouflon ! s'écria-t-il en sortant de sa voiture. Il avait été renversé par un chauffard et je l'ai aperçu par hasard sur le bord de la route en passant dans la combe. La pauvre bête est bien mal en point !

Pendant ce temps, les enfants s'étaient approchés de la voiture. Le pauvre mistouflon était étendu sur la banquette arrière. Ses yeux étaient fermés.

ANNE-MARIE CHAPOUTON, *L'année du mistouflon*, Éd. Flammarion (Coll. Castor Poche).

- Au **participe présent,** tous les verbes se terminent par **-ant.**
  passer → passant; sortir → sortant
  Le participe présent est souvent précédé de *en (en passant).*

- Au **participe passé,** les verbes se terminent par **-é, -i, -u, -s, -t :**
  trouver → trouvé   sortir → sorti   venir → venu
  prendre → pris   faire → fait

1 *Donne oralement le participe présent, puis le participe passé des verbes suivants :*

chanter — obéir — être — avoir — aller — lire — partir — vouloir — boire — voir.

2 *Écris le participe présent des verbes suivants :*

avoir — tomber — porter — remplir — bondir — sortir.

3 *Écris le participe passé des verbes suivants :*

avoir — être — arriver — réfléchir — obtenir — recevoir.

4 *Lis chaque phrase. Écris le verbe entre parenthèses au participe présent ou au participe passé.*

En *(tomber)* il s'est ouvert le genou. — L'avion a *(atterrir)* à cinq heures. — J'ai *(prendre)* le train *(partir)* pour Paris. — Patrick a *(boire)* la tasse. Il sort de l'eau en *(tousser)* et en *(cracher).*

5 *Relie ce qui va ensemble.*

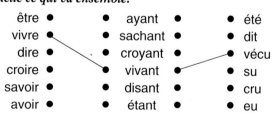

être • • ayant • • été
vivre • • sachant • • dit
dire • • croyant • • vécu
croire • • vivant • • su
savoir • • disant • • cru
avoir • • étant • • eu

6 *Écris le participe présent des verbes suivants : (attention à l'orthographe)*

manger — nager — bercer — charger — placer — tracer.

7 *Réunis deux phrases selon le modèle suivant :*
Pascal se lève. Il renverse son verre. →
En se levant, Pascal renverse son verre.

Julien se promène. Il rencontre Aurélie.
Nous marchons vite. Nous arriverons à l'heure.
Sophie est tombée. Elle s'est blessée.
Les enfants sont rentrés. Ils ont raconté leur extraordinaire aventure.

Bilan 1

Chaque fois que tu as réussi l'exercice, tu marques le nombre de points indiqué sur le domino. Tu fais le total de tes points à la fin.
Si tu ne réussis que la moitié de l'exercice, tu ne marques que la moitié des points !

Grammaire

1 **Un peu d'ordre. Remets les mots en ordre pour obtenir deux phrases correctes :**

Le voisin aboie de mon chien la nuit souvent.
En êtes-vous né quelle année ?

2 **Indique le type de chaque phrase : déclaratif, impératif, exclamatif, interrogatif.**

Quelle belle journée ! (...) — Le jour se lève. (...) — Le vent vient-il du Nord ? (...) — Partons en promenade. (...)

3 **Mets le signe qui convient à la fin de chaque phrase :**

Est-ce que tu as un frère... — Comme il est sage... — Arrête cette musique... — Le repas est-il terminé...

4 **Écris les phrases négatives correspondantes :**

Je suis très grand. — Il grandit vite. —
Tu vois quelque chose. — Il y a quelqu'un.

5 **Mets la ponctuation qui convient (5 signes) :**

Brusquement/il se leva et demanda//
Qui m'accompagne//

6 **Raccourcis le plus possible ces phrases :**

Le petit chat de ma gentille voisine s'appelle Mouki.
Depuis ce matin, il pleut sans arrêt.

7 **Sépare le GN sujet et le GV de chaque phrase. Écris sous chaque groupe : GN, ou GV.**

Le navire fend les vagues. Le petit bateau à voile sort du port. Dans cette île vivait une vieille femme. Sur la branche chantait un oiseau.

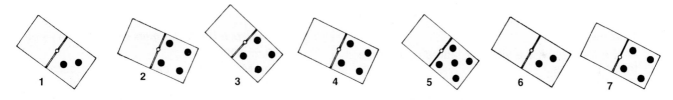

Vocabulaire

8 **En regardant la première lettre, tu ranges ces mots dans l'ordre du dictionnaire :**

train, avion, bateau, voiture, camion.

9 **Ces mots sont rangés dans l'ordre alphabétique :**
chalet, hangar, immeuble, villa.

Entre quels mots peux-tu placer maison *et* garage ?

10 **En regardant la deuxième lettre, tu ranges ces mots dans l'ordre alphabétique :**

jour, janvier, juillet, jeudi.

11 **En regardant la troisième lettre, tu ranges dans l'ordre alphabétique :**

pavé, patiner, palme, pair, parasol.

12 *Tu regroupes les mots pour faire deux familles :*

poule, poudre, poularde, poudreux,
poulet, poudrer, poulailler, poudrier.

13 *Tu copies chaque mot dérivé et tu encadres la partie mot simple :*

ronde   rondelle   arrondir   rondelet.

14 *Tu trouves le mot simple lorsque tu connais les mots dérivés :*

mots dérivés	jeunesse rajeunir rajeunissement	pauvreté appauvrir pauvrement
mot simple	. . . .	. . . .

15 *Tu copies et tu barres les mots qui ne doivent pas se trouver* **entre** *ces mots-repères :*

tarte/temps	**docteur/dos**
tasse	doigt
taupe	dollar
taverne	duvet
tabac	domestique
téléphone	doter

16 *Tu trouves le mot-étiquette :*

pomme, poire, prune, pêche *sont des*

laitue, poireau, céleri, chou   →

roquefort, cantal, camembert   →

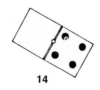

12   13   14   15   16

Orthographe

17 *Vrai ou faux ?*

— En français, il y a vingt-six lettres pour écrire trente-six sons.
— La cédille transforme [k] en [s].
— La phrase ne commence pas toujours par une majuscule.

18 *Écris, puis sépare en syllabes :*

belle — lettre — pomme — tisser — il donne — un arrêt.

19 *Complète à l'aide des mots suivants :* a — à — et — est.

Le chat . . . bondi. La souris . . . tenté de fuir . . . travers la pièce. Maintenant elle . . . prise . . . ne se défend plus.

20 *Complète à l'aide des mots suivants :* on — ont — son — sont.

Jean-Marc et . . . camarade . . . escaladé ce sommet. Ils . . . marché longtemps et ils . . . épuisés. . . . peut les féliciter.

21 *Écris le son* [s] *comme il convient :*

une pelote de fi . . . elle — une lame de . . . ie — un Fran . . . ais — la vite . . . e de l'avion — un mor . . . eau de sucre — atten . . . ion — la . . . ortie de . . . ecours.

22 *Complète avec* ou *ou bien* où :

. . . allez-vous ? — En Espagne . . . en Italie ? — Je ne sais plus . . . je suis. — Tu entres . . . tu sors ?

23 *Complète avec le son* [ã], *convenablement écrit :*

le mois de nov . . . bre — un mur bl . . . c — . . . porter — un gr . . . d v . . . t — une grosse br . . . che — Voilà le print . . . ps ! — Monte dans l' . . . bulance. — tr . . . te.

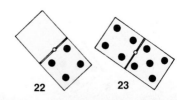

17   18   19   20   21   22   23

Conjugaison

24 *Le bon temps. Indique le temps de chaque phrase :* *présent, passé, futur.*

Nous irons en Corse l'an prochain. (. . .)
Il y a deux minutes qu'il est parti. (. . .)
Son train entre en gare. (. . .)

25 *Écris l'infinitif des verbes suivants :*

tu cours — il marche — je réussis — nous avançons — il voit — vous faites.

26 *Complète avec le verbe* **être** *ou le verbe* **avoir** *au présent.*

Je . . . à l'heure. — Tu . . . raison. — Nous . . . le temps. — On . . . l'habitude. — Vous . . . en vacances. — Ils . . . contents.

27 *Complète avec le verbe* **aller** *au présent :*

Il . . . en Italie. — Tu . . . à Paris. — Vous . . . au théâtre. — Je . . . à l'hôtel. — Nous . . . chez lui. — Elles . . . au cirque.

28 *Écris les verbes suivants à la 2e personne du singulier* (**tu**) *et à la 3e personne du pluriel* (**ils**) *au présent :*

écouter — lancer — danser — garder — crier — remuer.

29 *Écris les verbes suivants à la 1re personne du singulier* (**je**) *et à la 1re personne du pluriel* (**nous**) *au présent :*

obéir — réussir — choisir — avertir — grandir — guérir.

30 *Écris au futur 1, puis au futur proche (futur 2) :*

Le vent se lève. Le bateau bondit sur les vagues et ralentit sa marche. Je suis calme. Je n'ai pas peur. Je vais sur le pont.

31 *Écris le participe présent, puis le participe passé des verbes suivants :*

avoir — être — faire — parler — rougir — tenir — prendre — lire.

32 *Écris l'histoire que raconte cette bande dessinée.*

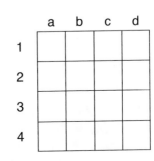

Mots croisés

Horizontalement

1. Troisième mois de l'année.
2. Le contraire de jeune.
3. Participe passé du verbe recevoir.
4. Sans personne.

Verticalement

Mêmes définitions !

	a	b	c	d
1				
2				
3				
4				

Production de textes

33 *Voici deux lettres que Julie a écrites. C'est une étourdie : elle a oublié l'en-tête, la petite phrase de la fin et la signature. Tu vas recopier les lettres et les compléter avec :*

Chers parents	*ou*	Madame la Directrice
Gros bisous	*ou*	Je vous remercie
Julie Larose	*ou*	Juju

Ne t'inquiète pas, mon gros papa et rassure maman. J'ai tardé à écrire parce que je n'ai jamais le temps. Les monitrices nous font faire plein de choses. Je vais très bien. Je mange même des épinards et des croquettes de poisson. Je suis embêtée parce que j'ai oublié mon blouson à l'école le dernier jour. Je vous envoie des cartes postales et je téléphonerai.

Je vous dérange pendant ces premiers jours de vacances et j'espère que vous ne m'en voudrez pas. Je sais que je suis étourdie et vous avez raison de me le répéter sans cesse. Je crois que j'ai oublié mon blouson dans la classe le dernier jour des vacances. Il est bleu et ma grand-mère, qui me l'a offert, va être furieuse. Si vous le retrouvez, mettez-le de côté.

34 *Le papa de Claire a reçu une lettre de sa fille. Il téléphone à la maman de Claire et lui donne des nouvelles de leur fille.*
À partir de ce qu'il dit, tu peux écrire la lettre de Claire.

« Elle dit qu'elle a fait un bon voyage et qu'elle était attendue à l'aéroport par tante Julie. Il y avait beaucoup de monde et elle a eu peur de se perdre. Elle trouve la maison très jolie et elle a déjà une petite copine qui joue avec elle. On dirait que nous lui manquons un peu. Elle me charge de t'embrasser et elle m'embrasse aussi. »

35 *Voici une série d'ingrédients. Retrouve ceux qui vont servir à faire :* **des frites, un gâteau, du veau Marengo** *et écris chaque liste.*
Attention! Un même ingrédient peut être nécessaire pour deux plats!)

huile	pommes de terre	cerises
sel	poivre	croûtons
farine	sucre	ail
oignons	tomates	persil
champignons	beurre	

36 *Remets cette recette en ordre en respectant l'ordre des opérations.*

Le hamburger

— Mélanger la viande et les oignons.
— Démouler.
— Saler et poivrer.
— Mettre le mélange dans un moule.
— Servir avec de la moutarde ou de la sauce tomate.
— Faire cuire sur une plaque très chaude.
— Hacher la viande sans la réduire en bouillie.
— Hacher les oignons.
— Servir dans un pain rond.

33

34

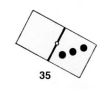
35

36

2e partie
(unités 11 à 21)

Grammaire	**Le groupe nominal sujet**
Vocabulaire	**Famille de mots**
Orthographe	**Écrire les terminaisons** **Éviter les confusions**
Conjugaison	**Le passé composé** **et l'imparfait**
Production de textes	**La description d'un animal** **Le mode d'emploi**
Expression écrite	**Exprimer la cause et la conséquence .** **Expliquer . Préciser** **Jeu poétique . Reconstitution de texte**

Sommaire de la 2ᵉ partie

L'accord du verbe avec le GN sujet (1)

LA FUITE

① Une ombre bouge.

② Des ombres bougent.

● *Quelles remarques peux-tu faire sur le passage d'une phrase à l'autre :*

— à l'oral ?

— à l'écrit ?

● *Comment se marque le pluriel du verbe à l'écrit ?*

● *Cherche dans le texte, une phrase comme* ① *, une phrase comme* ② *.*

Elle ouvre la petite porte, et part en courant à travers la campagne, droit vers la forêt du Pendu.

La lune brille, et de grandes ombres bougent entre les arbres. La princesse court longtemps. Ses cheveux s'accrochent aux branches. Enfin, terrifiée, épuisée, elle s'écroule sur le sol et s'endort profondément.

Dans la clairière, autour du feu qui s'éteint, les sorcières discutent. Soudain, Méline lève la tête.

« Vous n'avez rien entendu ? »

Toutes les sorcières se taisent. Dans le silence, elles entendent une sorte de long soupir…

« Écoutez ! dit Raminazora. On dirait un sanglot… »

D'après M.H. DELVAL, *Les sept sorcières*, « J'aime lire n° 62 », Éd. Bayard Presse.

● Le verbe se met ⟨ au singulier avec un GN sujet singulier
au pluriel avec un GN sujet pluriel

*La lune brill**e**.*　　　　*Elle brill**e**.*　　→ singulier
*Les sorcières discut**ent**.*　*Elles discut**ent**.* → pluriel

● On dit que **le verbe s'accorde en nombre avec le GN sujet.**

1　*Complète les phrases avec les GN sujets proposés :* **les chasseurs — nous — le lièvre — il — le chien — Julien.**

… détale. — … rentrent bredouilles. — … n'aime pas tuer les animaux. — … flaire le gibier. — Tout à coup … s'immobilise. — Pourquoi chassons- … ?

2　*Complète avec le verbe qui convient :* **coupent — se sauvent — traversons — sont — porteront.**

Nous …… la forêt. — Les bûcherons …… des arbres. — Ils …… ce bois à la scierie. — Les écureuils …… au moindre bruit. — Quels …… ces oiseaux aux plumes multicolores ?

3　*Relie ce qui peut aller ensemble :*

Tu ●
Michel ●　　　● chasse
Les renards ●　　● chasses
Nous ●　　　　● chassent
Ils ●

Lucie ●
Les enfants ●
On ●　　　　　● se promène
Vous ●　　　　● se promènent
Pascal et Sophie ●

4　*Trouve un GN sujet pour chaque GV :*

… ramasse des champignons. — … cueillent des fleurs. — … ont fait une grande promenade. — Déjà, … tombent des arbres. — … est une saison magnifique.

ÉCRIRE

5　*Écris les phrases avec les éléments donnés. Fais bien les accords :*

— le chasseur — la jolie biche aux yeux clairs — ne pas tuer.
— les hirondelles — en automne — pour les pays chauds — quitter notre pays.

6　*Éric et Céline se promènent dans la forêt en automne.*
En quelques phrases, raconte ce qu'ils voient.

7　*Sandrine et Marc font des courses au supermarché.*
En quelques phrases, raconte la scène.

Grouper les mots
La collection de mots

• *Tu écris tous les noms de meubles.*
• *Quels sont tous les outils que peut avoir le grand-père ?*

Dans son village, mon grand-père fait encore de beaux meubles : un buffet, une commode, une table ancienne, des bancs, une armoire.

Ses outils sont bien rangés. Il veut me les prêter, mais je ne sais pas m'en servir.

Le *buffet* est un **meuble,** la *commode* est un meuble, la *table* est un meuble... Quand on peut grouper des mots sous le même mot-étiquette, on forme ainsi **une collection de mots.**

1 *Tu fais deux collections de mots. Quel sera le mot-étiquette pour chacune ?*

châtaignier jaune sapin bleu vert noisetier chêne rouge

2 *Tu retrouves la collection de mots. Quel sera le mot-étiquette ?*

nuage trompette violon opération piano guitare fauteuil théâtre accordéon

3 *Tu trouves des mots pour ces deux collections :*

outils véhicules

(Tu consultes ton dictionnaire pour écrire correctement.)

4 *Un mot ne fait pas partie de la collection, tu le places en dehors :*

soulier	sabot
pain	nu-pieds
botte	pantoufles

or	acier
argent	fer
limonade	cuivre

. . . .

(Tu ajoutes le mot-étiquette pour chaque collection.)

5 *Tu trouves des mots pour chaque collection :*

J'ai acheté des *légumes :* des . . ., des . . . et des . . . Nous aimons les *fleurs* des bois : les . . ., les . . . et les . . . .

Le . . ., le . . ., et le . . . sont des *aliments.*

6 *Si tu veux dessiner avec précision ce que j'ai cueilli, laquelle de ces deux phrases te donne le plus de renseignements ?*

Dans le bois, j'ai cueilli un champignon.
Dans le bois, j'ai cueilli un cèpe.

7 *Tu recopies les phrases et tu signales la plus précise :*

Son vêtement est rempli de taches. ☐
Sa blouse est remplie de taches. ☐

Ce violon est ancien. ☐
Cet instrument de musique est ancien. ☐

Le véhicule accidenté roulait trop vite. ☐
Le poids-lourd accidenté roulait trop vite. ☐

8 *Dans l'exercice 7 il y a trois mots-étiquette : tu les trouves.*

La lettre *g*, [g] ou [ʒ] : *la gare, rouge*

- *Lis le texte.*
- *Classe en deux colonnes :*
— *les mots dans lesquels* **g** = [g], *comme dans* **gare** ;
— *les mots dans lesquels* **g** = [ʒ], *comme dans* **linge.**
- *Comment obtient-on le son* [g] *devant* e *et* i *?*

L'APPARITION DU LOUP

Énorme, immobile, assis sur son train de derrière, il était là regardant la petite chèvre blanche et la dégustant par avance. Comme il savait bien qu'il la mangerait, le loup ne se pressait pas ; seulement, quand elle se retourna, il se mit à rire méchamment.

« Ha ! ha ! la petite chèvre de Monsieur Seguin » ; et il passa sa grosse langue rouge sur ses babines d'amadou.

ALPHONSE DAUDET, *Lettres de mon moulin.*

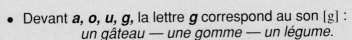

- Devant **a, o, u, g,** la lettre **g** correspond au son [g] :
  un gâteau — une gomme — un légume.

- Devant **e** et **i, g,** la lettre **g** correspond au son [ʒ] :
  rouge — agiter.

- Devant **e** et **i,** le son [g] s'écrit **gu** : *la langue — le guidon.*

1 *Écris les mots dans lesquels g correspond à* [g].

le grenier — la girafe — la plage — une guitare — large — un gourmand — longue — gros — charger — l'orage.

2 *Écris les mots dans lesquels g correspond à* [ʒ].

Georges — la langue — changer — rouge — la guêpe — l'aiguille — une page — une girouette — une tige — nous mangeons.

3 *D'un mot à l'autre. Quand c'est possible, remplace la première lettre par g. Écris le mot nouveau.*
Exemple : la mare → la gare.

Le train — tant — la rage — plisser — le volet — baver — la bosse — la place.

4 *Écris les verbes au pluriel.*
Exemple : **je nage → nous nageons.**

tu ranges — je plonge — je mange — tu partages — je bouge.

5 *Écris le mot qui manque à l'aide de la définition.*
On la met au doigt : la . . . .
Instrument de musique à six cordes : la . . . .
Elle peut retourner le bateau : la . . . .

6 *Dictées à préparer.*

- Le petit garçon allongea le bras, et, ne pouvant m'atteindre, il avança un pied, puis l'autre et put me caresser le dos. Je ne bougeai pas de peur de l'effrayer.
- Depuis le jour où j'avais déchiré le visage d'Auguste en galopant dans les épines, le changement dans les manières de mes petits maîtres, de leurs parents, des gens de la maison était visible.

D'après la COMTESSE DE SÉGUR, *Mémoires d'un âne,*
Éd. Casterman.

Conjugaison

Le passé composé des verbes
être et *avoir*

— Le feu a été important.
— Les habitants ont eu peur.
À quel temps sont écrites ces deux phrases ?
• *Mets le verbe de la 1re phrase au futur.*
Combien de mots ont été remplacés ?
• *Fais le même travail pour la 2e phrase.*
• *Peux-tu expliquer comment est formé ce temps passé ?*

INCENDIE À VARZAC

C'est vers dix-sept heures, hier jeudi, que le feu s'est déclaré dans la cage de l'escalier d'un immeuble situé « Cité des roses ». Très vite, le feu a été important. Les pompiers ont été rapidement sur les lieux, mais gênés par une épaisse fumée, ils ont eu beaucoup de mal à maîtriser l'incendie.

Les habitants ont eu très peur. Heureusement, personne n'a été blessé.

Le passé composé des verbes *être* et *avoir* est formé de l'auxiliaire **avoir** au présent et du **participe passé** *(été* ou *eu).*

Être			Avoir		
j'	ai	été	j'	ai	eu
tu	as	été	tu	as	eu
il elle,	a	été	il, elle	a	eu
nous	avons	été	nous	avons	eu
vous	avez	été	vous	avez	eu
ils, elles	ont	été	ils, elles	ont	eu

---

1 *Conjugue oralement au passé composé :*
avoir froid *et* être malade.

2 *Trouve le sujet qui convient :*
... avons été — ... as eu — ... ont eu — ... avez été — ... ai eu — ... a été.

3 *Complète avec* avoir *ou* être *au passé composé.*
Nous . . . . . . la visite de nos amis. — Ils . . . . . . heureux de nous revoir. — Je n'. . . pas . . . peur du feu. — L'incendie . . . . . . rapidement éteint. — Vous n'. . . pas . . . inquiets ?

4 *Fais les accords quand c'est nécessaire :*
Ils ont eu (raison). — Ils ont été (poli). — Elle a été (heureux). — Nous avons eu (chaud). — Elles ont été (sage). — Elles ont été (fort). — Nous avons été (agréable). — On a été (surpris).

5 *Relie ce qui peut aller ensemble :*

avez été

obéissent

aurez   vous   serez

irons   ont eu

êtes   avez eu

ÉCRIRE

6 *Hier, on a fêté en classe l'anniversaire de Julien. Raconte ce qui s'est passé.*

7 *Sophie vient d'être malade. Elle retourne à l'école. Elle raconte ce qu'elle a eu à la maîtresse. Écris ce qu'elle dit.*

L'accord du verbe avec le GN sujet (2)

LE MAMMOUTH

● *Quel est le GN sujet de la seconde phrase ?*
Quel mot peut le remplacer : il *ou* ils *?*
● *Quel est le GN sujet de la quatrième phrase ?*
● *Quel est le GN sujet de la dernière phrase ? Que peux-tu en dire ?*

En ce temps, le mammouth circule invincible. Le lion, le tigre, l'ours gris ne l'attaquent pas. L'homme ne se mesurera pas avec lui avant des millénaires★. Seul, le rhinocéros, aveugle et stupide, ose le combattre.

Le mammouth est souple, rapide, infatigable, apte à gravir les montagnes. Il saisit, travaille, mesure la matière avec sa trompe, fouille la terre de ses défenses énormes, conduit ses expéditions avec sagesse. Sous son crâne, s'abrite une mémoire tenace.

D'APRÈS J.H. ROSNY AÎNÉ, *La guerre du feu*
avec l'aimable autorisation de l'agence littéraire Lenclud.

★ un millénaire = mille ans.

● Le GN sujet peut être composé de plusieurs noms :
  Le lion, le tigre, l'ours n'attaquent pas le mammouth.

● Le même GN peut être sujet de plusieurs verbes. Tous ces verbes ont la même terminaison :
  Le mammouth agite ses oreilles, lève la trompe et avance.

● Parfois le GN sujet peut être placé après le verbe :
  Dans la forêt rôde le tigre.
                                    GN sujet

---

1 *Écris le verbe au présent. Attention à l'accord !*

Le rugissement *(s'éloigner)*. — Nam et Gaw *(s'approcher)*. — Les crevasses et les cavernes *(être)* nombreuses. — Tigres et ours *(habiter)* ces régions. — La nuit *(tomber)* brusquement.

2 *Accorde les verbes au présent.*

Le mammouth et le taureau *(s'observer)*. — Les mammouths *(donner)* des signes d'impatience. — Yaoh, Gaw et Nam *(bondir)* au fond de la caverne. — Le fils du léopard *(ne pas quitter)* la horde des mammouths. — Le chef des mammouths, l'animal le plus puissant *(guider)* le troupeau.

3 *Écris une phrase comportant* plusieurs sujets *pour un seul verbe.*

4 *Écris une phrase comportant* un seul sujet *pour plusieurs verbes.*

5 *Accorde les verbes comme il convient au présent.*

L'eau *(tomber)* du ciel, *(remplir)* la terre, *(user)* les rocs, *(traîner)* les pierres. Les chacals *(rôder)* et *(agir)* avec méfiance.

6 *Réunis en une phrase.*
Exemple : **Le mammouth s'éloigne. L'auroch s'éloigne. → Le mammouth et l'auroch s'éloignent.**

Nicolas traverse la forêt. Sophie traverse la forêt. — Naoh se baigne dans le torrent. Gaw se baigne dans le torrent. — La tourterelle roucoule tous les matins. Les pigeons roucoulent tous les matins.

7 *Souligne les GN sujets des phrases suivantes.*

C'est le torrent où boivent lions, tigres et daims.
Dans le ciel scintillent les étoiles.
Là-bas, de l'autre côté de la montagne, brûlait le feu.
Reconnaissez-vous cette forêt ?

Pour dire « plus petit »

Vocabulaire

- *Qu'est-ce qu'un* chaton? *une* caissette? *un* souriceau? *une* souricette?
- *Quel mot peut-on employer à la place de « petit mur »?*

La maman chat surveille ses chatons. L'un d'eux s'est enfermé dans une caissette. Un autre a grimpé sur un petit mur. Souris, souriceau et souricette devront être prudents.

> En allongeant un mot simple par la fin, on peut former des mots qui veulent dire « plus petit » :
> **chaton caissette souriceau**

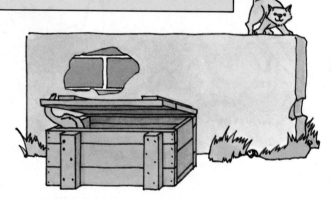

1 *Tu complètes avec des mots qui veulent dire « plus petit » :*

ânon oisillon aiglon

Sur le bord du nid un . . . *(petit oiseau)* se penche. — Un . . . *(petit aigle)* va prendre son vol. — Grand-père vient d'acheter un . . . *(petit âne)*.

2 *Tu trouves le mot et tu complètes :*

Un souriceau est une petite . . . .
Un lionceau est un petit . . . .
Un lapereau est un petit . . . .
Un levraut est un petit . . . .

3 *Tu complètes avec un mot qui veut dire « plus petit ». (Utilise -eau.)*

Un . . . . est un petit éléphant.
Un . . . . est un petit renard.
Un . . . . est une petite chèvre.

4 *Une* **gouttelette** *est une* **petite goutte.** *Tu complètes les phrases :*

L'oiseau se perche sur une . . . *(petite branche).* — Au collier de mon chien, j'ai accroché une . . . *(petite cloche).* — Elle a placé un pot de fleur sur la . . . *(petite table).*

5 *Copie les mots de cette liste et barre ceux qui ne signifient pas « plus petit ».*

la chemisette — le baleineau — la chouette — la réglette — le carton — la cordelette — l'ourson

— la brouette — le pinceau — la chaînette — l'omelette.

6 *À partir du mot donné, écris le mot qui signifie « plus petit ».*

oreille : . . . . ;   fille : . . . . ;
vipère : . . . . ;   capuche : . . . . ;
loup : . . . . ;   jardin : . . . .

7 *À partir de quels mots a-t-on formé les mots suivants? Écris-les.*

chenillette : . . . . ;   serpentin : . . . . ;
garçonnet : . . . . ;   perdreau : . . . . ;
portillon : . . . . ;   livret : . . . .

ÉCRIRE

8 *Écris ce texte sur ton cahier, en remplaçant deux mots, six fois, par un seul terminé par -ette, qui veut dire la même chose.*

Prenez quatre petites planches. Clouez-les ensemble. Mettez un toit, vous obtenez une petite maison. Rangez-y votre petit camion. Placez quelques petites poules, un coq, une vache dans un champ entouré d'un petit mur. Vous aurez une petite ferme.

Participe passé en *-é* ou infinitif en *-er* ?

LA CAMIONNETTE FOLLE

● *Observe bien :*
Ils la virent arriv**er**.
On peut écrire : Ils la virent prend**re**, fai**re**.
Il avait gagn**é**.
On peut écrire : Il avait pri**s**, fai**t**.
● *D'après ces exemples, essaie de trouver le moyen de distinguer rapidement* **-é** *de* **-er**.
Vérifie dans le texte.

La camionnette avait gagné le chantier de la scierie, où elle avait pénétré comme une flèche. Le gardien et sa femme qui prenaient le café dans leur baraquement la virent arriver. Ils eurent tout juste le temps de se lever et de s'écarter. En un instant, la voiture enfonçait les panneaux de la baraque, emportait la table avec la cafetière et les tasses, ainsi qu'un vase garni de fleurs qui y était posé.

ANDRÉ DHOTEL, *Le pays où l'on n'arrive jamais*, Éd. Horay.

● Pour distinguer le participe passé **-é** et l'infinitif **-er,** on remplace le verbe par un verbe du 2ᵉ ou du 3ᵉ groupe (comme *rougir,* ou *rire*).

  Elle avait pénétré → Elle avait pris, fait (participe passé).
  Ils la virent arriver → Ils la virent prendre, faire (infinitif).

● Après les verbes *être* et *avoir* on écrit **le participe passé.**

● Après les verbes *voir, faire, devoir, pouvoir,* et les mots *à, de, pour,* on écrit **l'infinitif.**

---

1 *Mets la terminaison qui convient :* **é** *ou* **er.**

Dans le virage, la voiture a quitt… la route. — Papa a fait répar… la voiture. — Le mécanicien a régl… le moteur. — Il faut respect… le code de la route. — Au feu rouge, on doit s'arrêt….

2 *Même exercice :*

N'oublie pas de ferm… la porte. — Le cheval se prépare à saut… — Il faut partir tôt pour arriv… à l'heure. — Je n'arrête pas de le répét… — J'ai répondu sans hésit… — Je vous demande de vous calm… — Prenez la peine d'écout… — Ils commencent à travaill…

3 *Même exercice :*

Qui a déchir… ce livre ? — Avez-vous rang… vos affaires ? — Ici, le camping est-il autoris…? — Allez-vous accept…? — Comment faites-vous pour y arriv…? — Savez-vous plong…?

4 *Remplace les verbes employés par un infinitif du 1ᵉʳ groupe.*
Exemple : **Il veut** *apprendre* **l'anglais →** **Il veut** *étudier* **l'anglais.**

Pascal essaie *d'entendre.* — Je vais *finir* ce livre. — Nous n'avons pas réussi à *gravir* ce sommet. — Voilà la recette pour *faire* une tarte. — Où vas-tu *mettre* cet arbre ?

5 *Remplace les participes passés employés par un participe passé du 1ᵉʳ groupe.*

Le pêcheur a *pris* deux goujons. — Maman a *fait* un bon gâteau. — Quel sommet as-tu *gravi* ? — Le chat a *bondi* sur la souris. — Est-ce que tu as *suivi* le match à la télé ? — Le spectacle *fini,* nous sommes *revenus.*

6 *Dictée à préparer :*

L'aspirateur.
Il a branché l'aspirateur et a commencé à le passer dans la pièce. Pour ennuyer oncle Lucien, Gros-Papa a mis les mains sur ses oreilles. Oncle Lucien s'est fâché. Il a rangé l'aspirateur sans dire un mot. Puis il a voulu se coucher.

Conjugaison

Le passé composé des verbes du 1ᵉʳ groupe (en -*er*)

MORDU PAR UN CHIEN ENRAGÉ

- *À quel temps sont écrits les verbes **rencontrer** et **tomber** ?*
- *Comment le reconnais-tu ?*
- *Trouve dans le texte d'autres verbes conjugués au même temps.*

Ça s'est passé bien simplement. L'enfant se rendait à l'école de Meissengott... quand le chien l'a rencontré et s'est jeté sur lui... et comme il était bien plus fort, bien sûr... le petit est tombé... et il n'a pensé qu'à cacher sa figure avec ses mains... pendant que l'autre le mordait. Un ouvrier maçon qui passait par là a vu la bataille, alors il est arrivé avec une barre de fer... et il a frappé des coups tant qu'il a pu sur cette sale bête jusqu'à ce qu'elle s'en aille... et puis il a relevé le petit et il nous l'a amené à la maison.

SACHA GUITRY, *Pasteur*, Éd. Plon.

- **Le passé composé** est formé de l'auxiliaire *avoir* ou *être* au présent, et du participe passé du verbe conjugué.

Rencontrer			Tomber		
j' ai	rencontré	je suis	tombé	je suis	tombée
tu as	rencontré	tu es	tombé	tu es	tombée
il, elle a	rencontré	il est	tombé	elle est	tombée
nous avons	rencontré	nous sommes	tombés	nous sommes	tombées
vous avez	rencontré	vous êtes	tombés	vous êtes	tombées
ils, elles ont	rencontré	ils sont	tombés	elles sont	tombées

- Avec l'auxiliaire *être,* le participe passé s'accorde avec le sujet.

1 *Forme toutes les phrases possibles :*

Sylvie •	• ont exploré	•	• sur une pierre plate
Nous •	• as glissé	•	• son petit frère
Tu •	• suis entré	•	• une nouvelle grotte
Les enfants •	• a rassuré	•	• des chauves-souris
Je •	• avons dérangé	•	• par la bonne galerie

2 *Oralement, conjugue le passé composé des verbes :* **explorer — arriver — trouver — entrer.**

3 *Écris au passé composé :*

Je marche lentement. J'arrive au fond de la galerie. Une chauve-souris s'envole. Je n'ai pas peur. Je suis content de cette visite.

4 *Écris un GN sujet :*

... . ont admiré les stalactites.
... . est restée longtemps inconnue.
... . est tombée toute la journée.
... . ont habité cette grotte il y a des millions d'années.

5 *Écris au futur :*

Est-ce que tu as visité cette grotte ? — Qui t'a guidé ? — As-tu rapporté des photos ?

6 *Relie ce qui peut aller ensemble :*

es arrivé
•
as crié •   • a trouvé
a terminé •   [tu]   • es
as gagné •   • écouteras
•
finis

Les constituants du GN : déterminants et noms

PRÉSENTATION

• *Relève les GN sujets des verbes : semblait, s'élargit, se fonça. De quoi sont-ils formés ?*

• *Cherche dans le texte d'autres GN identiques (GN = D + N).*

• *Lis une phrase sans ses déterminants. Est-elle correcte ? Que peux-tu en conclure ?*

— Comment t'appelles-tu ?
La voix semblait conserver quelque méfiance.
— Constantin Gloriot, lui dis-je…
Alors, il sourit. Sa vieille figure s'éclaira, perdit sa rudesse. La bouche s'élargit, livra toute sa bonté ; des rides se plissèrent au coin des yeux, le regard se fonça d'un bleu outremer : je vis deux grandes mains sèches, toutes couturées de cicatrices, qui me tendaient un panier de figues.
Il me dit :
— L'abbé Chichambre m'a parlé de toi. Je suis content que tu sois venu.

HENRI BOSCO, *L'âne Culotte*, Éd. Gallimard.

> Le groupe nominal (GN) est formé d'un déterminant (D) et d'un nom (N) : *la bouche, sa bonté.*
>
> ### Les principaux déterminants
>
> | articles | adjectifs | | |
> | --- | --- | --- | --- |
> | | possessifs | démonstratifs | indéfinis |
> | le, un | mon, ton, son, notre, votre, leur | ce, cet | chaque |
> | la, une | ma, ta, sa, notre, votre, leur | cette | |
> | les, des | mes, tes, ses, nos, vos, leurs | ces | quelques, plusieurs |

1 *Indique les déterminants (D) et les noms (N) de chaque phrase :*

Mon ami est venu à la maison. — Mon frère m'a prêté ses disques. — Chaque mercredi, je vais à la piscine. — Cette semaine, j'ai fait des progrès. — Pour nos anniversaires, maman organise une fête.

2 *Écris chaque nom avec deux déterminants différents.*
Exemple : chemise → ma chemise — cette chemise.

gilet — chaussures — montre — gants — manteau.

3 *Complète les GN pour former des phrases :*

La .... est fermée à clef. — Quelques .... tombent en tourbillonnant. — Ces .... aboient continuellement. — Leur .... a été déraciné par la tempête. — Cet .... est désobéissant.

4 *Change le premier déterminant de chaque phrase.*
L'escalier conduit à la cave. — Les hirondelles vont quitter le pays. — Cette chambre est bien rangée. — Chaque matin je me lève à sept heures. — Dans ma classe il y a un aquarium.

5 *Change les deux déterminants de chaque phrase.*
La route conduit à ce village. — Un lièvre détale devant le chien. — Notre chienne a eu dix petits. — Mon père pêche dans cette rivière.

6 *Cherche dans une lecture quatre groupes nominaux contenant chacun un déterminant différent, pris dans cette liste :* **le, sa, ces, quelques.**

Des mots qui vont ensemble : les mots composés

● *Pour dire qu'il ira bientôt, Luc emploie plusieurs mots qui vont ensemble. Lesquels ?*

● *La maman dit : immédiatement. Pour dire la même chose, elle a employé plusieurs mots qui vont ensemble. Lesquels ?*

— Veux-tu aller me chercher une boîte de sel ? dit maman.

— Oui, tout à l'heure. Je finis mon jeu sur l'ordinateur et j'y vais, répond Luc.

— Non, il faut y aller tout de suite. J'en ai besoin immédiatement !

Bientôt, immédiatement sont des **mots simples.**

Tout à l'heure, tout de suite sont des **mots composés.**

---

1. *Écris les phrases, puis souligne le mot composé commun à chacune d'elles.*

Quelle heure est-il ? — Il est à peu près cinq heures.
Combien coûte ce livre ? — À peu près trente francs.

2. *Souligne le mot composé.*

André est en train de lire une bande dessinée. — Les draps sont en train de sécher au soleil. — Marc n'est pas du tout d'accord pour chanter. — Elle n'y avait pas du tout pensé.

3. *Remplace les mots simples par les mots composés qui conviennent : tout à coup ou tout à fait.*

Ma petite chatte est complètement guérie. — Avec le vent, la porte s'est ouverte brusquement. — Nicolas s'aperçut soudain qu'il avait oublié ses lunettes.

4. *Complète avec les deux mots composés en face de et au milieu de :*

Cela se voit comme le nez . . . . la figure. —
Les boxeurs se placent l'un . . . . l'autre. —
Le nénuphar fleurissait . . . . du bassin.

5. *Récris les phrases suivantes en y ajoutant le mot composé qui convient :*

à petits pas — toutes sortes — à peu près — tout de suite.

Va le voir, il t'attend. — Dans cette boîte il y a des bonbons. — Je sais que cet arbre mesure douze mètres. — Bébé marchait dans l'allée.

6. *Récris les phrases en remplaçant les mots composés par les mots simples suivants :*

profondément — maintenant — rapidement — immédiatement.

À présent, causons un peu ! — Patricia dormait à poings fermés. — Julien avait gagné la partie en un clin d'œil. — Dès qu'il connut la nouvelle, il partit sur-le-champ.

7. *Complète avec le mot qui convient.*

Le chasseur vient de tirer un coup de . . . .
Il a la peau toute rouge ; il a pris un coup de . . . . . .
Aide-moi : donne-moi un coup de . . . .
Pour stopper, l'automobiliste a dû donner un violent coup de . . . .

ÉCRIRE

8. *Raconte un fait divers pour un journal, en utilisant les mots composés suivants :*

tout à coup — passage à niveau — poids lourd — au milieu de — tout de suite — chemin de fer.

Je choisis entre *ce* et *se, ces* et *ses*

● *ce, se.*
*Lequel de ces deux mots
est un déterminant ?*
● *Quel mot accompagne toujours
se ? Donne des exemples.*
● *Quel est le pluriel de* ce *? de*
son *?*

LE LAPIN

Grâce à ses oreilloptères
Ce fut un lapin volant
Mais s'ignorant ce talent
Il ne quitta jamais terre.

Ça l'incommoda plutôt,
Ces ailerons acoustiques
Où se brouillaient les musiques
Des planètes et coteaux.

ROBERT VIGNEAU, « Le lapin », *Bestiaire à Marie,*
Éd. Nathan (Arc en poche).

● On écrit **ce** devant un nom singulier : **ce** *lapin.*
Ce peut aussi avoir le sens de *cela* : **ce** *fut =* **cela** *fut.*

● On écrit **se, s'** devant un verbe : *Il* **se** *lève. Il* **s'***arrête*

● **Ses** est le pluriel de **son** : *son oreille →* **ses** *oreilles.*
Ces est le pluriel de **ce** : *ce lapin →* **ces** *lapins.*

---

1 *Remplace les points par* ce *ou* se :

... matin — ... garçon — ... laver — ...
peigner — ... rendre — ... rosier — ... chemin
— ... raser — ... métier — ... cahier.

2 *Même exercice :*

Sophie ... prépare. — J'aime ... paysage. — Le
lapin ... sauve. — As-tu lu ... livre ? — ... fut
une bonne journée. — Où est ... pays ? —
Comment ... appelle-t-il ? — Pourquoi ... fâche-
t-il ?

3 *Écris au pluriel :*

son ami — ce chien — cette fleur — sa clé — cet
enfant — sa bague — son arbre — ce jouet — son
livre — cette histoire.

4 *Écris au singulier :*

ces villes — ses vêtements — ses poupées — ces
gâteaux — ces outils — ses frères — ses amis —
ces enfants.

5 *Complète à l'aide de* ce, se, ces *ou* ses :

C'est dans ... pré que Christophe a mis ...
vaches. — ... sentiers ... perdent dans les bois.
— Michel ... promène les mains dans ...
poches. — ... hirondelles vont ... nicher dans
... grenier.

6 *Réunis pour former tous les GN possibles :*

ce — ces — un —
son
ses — les — mon
ma — cette

ville — pays — église
enfants — route
tapis — couleurs

7 *Dictées à préparer.*

● Il cherche un endroit où il puisse apprendre à
nager, c'est-à-dire faire aller ses bras, tandis que
ses genoux marcheront sur le sable.

JULES RENARD, *Poil de Carotte.*

● Enfin il se décide, il s'assied par terre et tâte
l'eau d'un orteil que ses chaussures trop étroites
ont écrasé. En même temps, il se frotte l'estomac
qui peut-être n'a pas fini de digérer. Puis il se
laisse glisser le long des racines.

JULES RENARD, *Poil de Carotte.*

Conjugaison

Le passé composé des verbes du 2e groupe (en -*ir*)

RECORD BATTU !

- *À quel temps sont écrits les verbes du texte ?*
- *Quel est leur infinitif ?*
- *Comment sont-ils formés ?*

Au signal, il n'a plus réfléchi, il a bondi. Ses muscles libérés ont fourni l'effort attendu. Rapidement, il a réussi à distancer ses adversaires. La foule l'a applaudi quand il a franchi la ligne d'arrivée. 9 secondes 84 centièmes pour 100 mètres ! Il a établi un nouveau record.

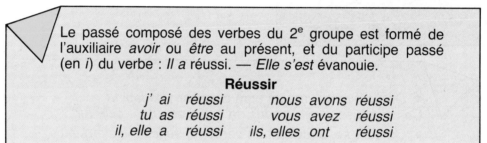

Le passé composé des verbes du 2e groupe est formé de l'auxiliaire *avoir* ou *être* au présent, et du participe passé (en *i*) du verbe : *Il a* réussi. — *Elle s'est* évanouie.

Réussir

j' ai réussi	nous avons réussi
tu as réussi	vous avez réussi
il, elle a réussi	ils, elles ont réussi

1 *Oralement, conjugue les verbes* choisir — atterrir — obéir — rougir, *au passé composé.*

2 *Écris les phrases que tu peux former :*

Nous ●	● a rempli ●	● les acteurs.
Les enfants ●	● as pétri ●	● le bassin.
On ●	● avons applaudi ●	● de goûter.
Tu ●	● ai franchi ●	● d'un bond le ruisseau.
Vous ●	● ont fini ●	● ces fleurs.
J' ●	● avez choisi ●	● la pâte.

3 *Écris au passé composé :*
Julien guérira rapidement. — Je choisis ce livre. — Nous réfléchissons avant d'agir. — Ils rôtiront ce poulet.

4 *Indique avec quel auxiliaire,* avoir *ou* être, *on conjugue les verbes suivants au passé composé :*
grandir — rester — agir — s'évanouir — gravir — lancer — partir — venir — cueillir — rêver.

5 *Écris au passé composé :*
Quel livre choisis-tu ? — Est-ce que vous franchirez cette hauteur ? — Où bâtiront-ils leur maison ?

6 *Relie quand c'est possible :*

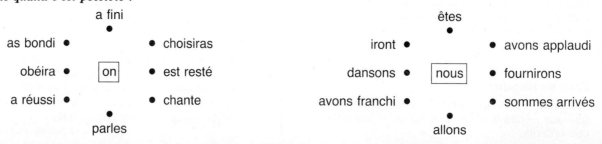

Nom commun et nom propre

MOWGLI VEUT RESTER DANS LA JUNGLE

● *Lis bien le texte.*
— *Qui est Mowgli ?*
— *Qui est Bagheera ?*
— *Qui est Shere Khan ?*
● *Connais-tu le nom des autres personnages de cette histoire ?*

« Allez, monte ! ordonna Bagheera en poussant Mowgli dans l'arbre. Au matin, je te conduirai au village.

— Je ne veux pas y aller ! s'écria Mowgli furieux. Je veux rester dans la jungle !

— Tu n'y tiendras pas deux minutes avec Shere Khan à tes trousses ! assura la panthère.

— Je n'ai pas peur de ce vieux tigre ! » déclara Mowgli avec force.

D'après RUDYARD KIPLING, *Le livre de la jungle*, Éd. Mercure de France.

● *Mowgli, Bagheera, Shere Khan* sont des **noms propres.** Ils désignent une personne ou un animal en particulier.
● *enfant, panthère, tigre* sont des **noms communs.**

Les noms propres s'écrivent toujours avec des **majuscules.** Ils sont parfois accompagnés de déterminants : *la Seine — le petit Pierre.*

1 *Classe en deux groupes : noms communs et noms propres.*

Julien — l'enfant — une fleur — Aurélie — l'Espagne — une ville — Lyon — les Alpes — Mouky — la souris.

2 *Trouve cinq noms propres et cinq noms communs.*

3 *Pour chaque nom propre, écris un nom commun. Exemple :* les Pyrénées → une montagne.

la Loire : ... — Paris : ... — Médor : ... — La Manche : ... — l'Italie : ... — le Jura : ... — Concorde : ... — Donald : ...

4 *Même exercice, plus difficile (vérifie dans un dictionnaire qui contient des noms propres).*

Louis XIV : ... — Picasso : ... — Mozart : ... — Napoléon : ... — Pasteur : ... — le Rhône : ... — de Gaulle : ... — La Fontaine : ...

5 *Trouve un nom propre pour chaque nom commun. Écris-le :*

un pays : ... — une ville : ... — un sportif : ... — une chanteuse : ... — un musicien : ... — un fleuve : ... — un roi : ... — un peintre : ... — un écrivain : ...

6 *Trouve des noms propres sujets du verbe. Écris les phrases :*

... défend Mowgli contre le tigre.
... est la capitale de la France.
... a découvert l'Amérique.
... est mon chanteur préféré.
... a écrit de nombreux livres.

ÉCRIRE

7 *Écris ta carte d'identité (nom, prénom, date de naissance, adresse).*

Je m'appelle...

8 Mowgli ne veut toujours pas quitter la jungle. Bagheera, la panthère insiste...

Écris quatre phrases qui prolongeront le dialogue.

Vocabulaire

Pour dire le contraire

• *Lis le texte.*

• *D'après le sens du texte, quel est le contraire de :*
— *se rapprocher;*
— *lourd;*
— *invisible;*
— *l'homme apparut ?*

DÉCOUVERTE

Les pas se rapprochaient, lourds, tranquilles. Nénu se coula en silence sous un buisson où il se rendit invisible. Mais les poils de son dos étaient hérissés et il découvrait ses crocs étincelants. Si jamais l'homme faisait du mal à son ami !

L'homme apparut, il se dirigea vers la haie, se baissa. Il eut un violent sursaut en arrière.

— Qu'est-ce que c'est que ça, jura-t-il.

Il se pencha encore.

— Mais c'est un chien ! C'est même un cocker !

RENÉ ESCUDIÉ, *Grand-Loup sauvage*, Éd. Nathan (Coll. Arc-en-poche).

Petit, grand; ami, ennemi; visible, invisible sont des couples de **mots contraires.**
Beaucoup de contraires se forment avec des **préfixes.**
Possible, *im*possible; honnête, *mal*honnête.

---

1 *Réunis les couples de mots contraires.*

minuscule – clouer – arriver – gigantesque – partir – adroit – déclouer – humide – épais – maladroit – sec – mince.

2 *Écris le contraire.*

se baisser   Montez!
riche   exact
Entrez!   le début
faux   l'arrivée

3 *Même exercice.*

connu   lisible

prévu   juste
propre   plaire
précis   régulier

4 *Écris le contraire de chaque expression suivante :*

Du pain frais
De l'eau fraîche
Monter la tente
Monter l'escalier

5 *Complète à l'aide d'un mot terminé par -able.*

On ne peut boire cette eau : elle est . . . .
Je ne trouve plus ma trousse : elle est . . . .
On n'arrive pas à le casser : il est . . . .
Il ne peut le réparer : il est . . . .

6 *Trouve les contraires avec in- ou im-.*

satisfait → . . . . . . juste → . . . . . . pur → . . . . . .
prévisible → . . . . . . pair → . . . . . . égal → . . . . . .

Je choisis entre *leur* et *leurs*

JOUR DE PLUIE

● **Leurs** capuchons, **leur** dos
— *Comment s'appellent ces groupes ?*
— *De quoi se composent-ils ?*
— *Explique la différence d'orthographe.*
● **La pluie leur dégoulinait...**
— *De quel mot est suivi* **leur** *?*
— *S'il n'y avait qu'un enfant, qu'écrirait-on ?*

Les enfants arrivaient les uns après les autres. Avec leurs imperméables, leurs capuchons, leurs grosses bottes de caoutchouc, on aurait dit une armée de petits champignons.

On fit monter les enfants-champignons dans le camion de Monsieur Davin qui les emmena en direction de Gerbaud : cela leur ferait un peu moins de chemin à faire à pied... La pluie leur dégoulinait dans le cou, glissait le long de leur dos en chatouillant leurs omoplates et en les faisant frissonner.

ANNE-MARIE CHAPOUTON, *L'année du mistouflon*,
Éd. Flammarion (Coll. Castor Poche).

● **Leur** devant un nom est un **déterminant.** Il peut prendre la marque du pluriel : **leurs.**
       leur *imperméable* — leurs *imperméables*
● **Leur,** devant un verbe, est **invariable.** C'est le pluriel de **lui.**
La pluie leur *dégoulinait dans le cou* (un seul enfant).
La pluie leur *dégoulinait dans le cou* (plusieurs enfants).
Les gouttes leur *dégoulinaient dans le cou* (toujours invariable).

---

[1] *Classe en deux groupes :* 1. leur *est déterminant* — 2. leur *est pluriel de* lui.

Leurs vêtements — leur frère — Il leur donne — leurs enfants — Ils leur promettent — leur jardin — leur tenir chaud — Je leur demande.

[2] *Complète par* leur *ou* leurs :

Les hirondelles font ... nids dans la grange ; c'est ... habitude. — ... journal n'est pas arrivé. — Il ... manque des renseignements. — Tu ... racontes une histoire. — Ils rangent ... affaires.

[3] *Même exercice.*

Je ... prête un livre. — Nous ... apportons notre aide. — Est-ce qu'il ... a dit la vérité ? — Comme ... fleurs sont belles ! — Vas-tu ... donner à boire ?

[4] *Remplace* lui *par* leur *quand c'est possible. Écris la nouvelle phrase.*

On a du mal à lui pardonner.
Il ne faut pas l'accuser, lui.
C'est lui le coupable. Il lui manque un peu d'aide.
Ils ne lui font aucun mal.
Dites-lui que je pense à lui.

[5] *Écris trois phrases avec* leur, leurs *(déterminants), et* leur *(pluriel de* lui*).*

[6] *Dictées à préparer.*
Autodictées : 1. La première phrase du texte.
                2. La dernière phrase du texte.

● La pluie redoubla. Quatre enfants glissèrent dans une flaque d'eau et se mouillèrent le derrière. Cinq enfants dérapèrent dans la boue et se relevèrent tout tartinés sur le devant. Les autres glissèrent et dérapèrent devant et derrière.

Le passé composé du verbe *aller*

- *Où est allé chaque enfant ?*
- *À qui parle-t-on dans la 3ᵉ phrase, à un garçon ou à une fille ?*
Qu'est-ce qui le prouve ?

UN CASSE-TÊTE !

Qui est allé où ?

Laurence est allée avec Julien.
Martin et Julien sont allés au même endroit.
Tu es allée en Espagne avec Nicolas.
Nous sommes allés à Nice avec Martin.
Charlotte et Nicolas sont allés dans le même pays.

> Le passé composé du verbe *aller* se forme avec l'auxiliaire *être*. Le participe passé s'accorde en genre et en nombre avec le sujet du verbe.
>
> | | | | | | |
> |---|---|---|---|---|---|
> | Je | suis | all**é** | Je | suis | all**ée** |
> | Tu | es | all**é** | Tu | es | all**ée** |
> | Il | est | all**é** | Elle | est | all**ée** |
> | Nous | sommes | all**és** | Nous | sommes | all**ées** |
> | Vous | êtes | all**és** | Vous | êtes | all**ées** |
> | Ils | sont | all**és** | Elles | sont | all**ées** |

1 *Relie ce qui peut aller ensemble :*

Julien • • sont allées au théâtre.
Simon et Romain • • est allé au cinéma.
Caroline • • sont allés à la piscine.
Laurence et Claire • • est allée au musée.

2 *Complète, dans l'ordre : présent, futur, passé composé. Exemple : je vais, j'irai, je suis allé.*

Nous allons, ...
. . . . tu iras, ...
. . . . ils sont allés.
Vous allez, ...
. . . . on ira, ...

3 *Écris au passé composé :*

Nous irons au marché ensemble.
Tu vas au bord de la mer ? demande Alain à Lucie.
Les enfants vont se baigner.
Je vais à Paris, dit Sophie.

4 *Écris au présent :*

Simon et Romain sont allés en Italie.
Amandine est allée chez sa tante.
Nous sommes allés à la pêche.
Tu es allé en Provence.
Vous êtes allés en montagne.

5 *Relie ce qui peut aller ensemble.*

sont allées
•

sont venues •   • allons

sont • | elles | • iront

sont arrivées •   • vont

•
finissent

est allé
•

es allé •   • ira

a réussi • | il | • est arrivé

va •   • a

•
iras

La description d'un animal

CHIEN ET CHAT CURIEUX

- *Quelle est l'allure générale de ces deux animaux ?*
- *Quels sont les détails qui rendent ces deux animaux bien particuliers ?*
- *À partir des détails que tu as relevés, quel peut être, à ton avis, le caractère de ces deux animaux ?*

Loïc vit d'abord le chien. Un chien très laid, bas sur pattes, au poil couvert de salissures, avec sur le flanc, une vilaine estafilade★ qui n'était pas encore cicatrisée. Elle devait le faire souffrir, car, sitôt après s'être retourné pour observer Loïc, le chien la lécha avec délicatesse. [...]

Loïc vit ensuite le chat. Un matou de gouttière dans un état aussi piteux. Sa moustache était toute gondolée ; une épaisse croûte sanguinolente★★ recouvrait son œil droit. Quant à ses oreilles, elles étaient à demi déchiquetées suite aux multiples bagarres auxquelles il avait dû prendre part...

THIERRY JONQUET, *Pourquoi demander la lune ?*
Éd. Nathan (Coll. Marque Page).

★ Une estafilade : une trace de griffe ou de croc.
★★ Sanguinolente : avec des traces de sang.

- Un animal peut être décrit par :
— **son allure générale :** c'est sa forme, ce qui se voit de loin, au premier coup d'œil ;
— **les détails** qui font de lui un animal bien particulier, qui le différencient des autres : *forme de la tête, des oreilles, de la queue, pelage, plumage,* etc. On dira aussi que ce sont ses **caractéristiques particulières.** C'est ce qui se voit de plus près ;
— **son comportement et son caractère.**

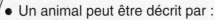

1 *Choisis l'animal que tu aimerais posséder. Puis fais son portrait en suivant les indications ci-dessous.*

- *Commence ta description en disant de quel animal il s'agit et quel nom tu lui donnerais.*

- *Décris son allure générale. Pour t'aider, tu peux te servir des mots suivants :* élancé, vif, leste, éveillé, souple, agile, puissant, trapu, ...

- *Ensuite, décris ses caractéristiques particulières. Tu peux parler de la forme de la tête, des oreilles, de la queue, du pelage, du plumage, etc.*

- *Enfin, donne quelques indications sur son caractère. Tu peux te servir des mots suivants :* fier, imposant, docile, affectueux, cabochard, coléreux, craintif, indépendant, ...

Production de textes

2 *Lis le texte. Puis observe les dessins et essaie à ton tour de décrire le physique de ces animaux.*

Il est assis, tout droit, le buste dressé, comme pour observer les alentours. Il a le dos gris foncé, mêlé de fauve et de beige; le dessous de son corps, plus clair, est un mélange de tons roux et de couleurs flamme comme ses membres. Sa tête est d'un gris foncé et sa queue... sa queue est franchement noire. [...] C'est une marmotte.

P. VIALAR, *Le roman des oiseaux et bêtes de chasse,* Éd. Flammarion.

4 *Lis le texte. Il décrit le comportement d'un animal inquiet. Puis observe les dessins et essaie à ton tour de décrire le comportement de ces animaux.*

Il lui arrivait pourtant de retrousser les babines, des babines tremblantes au-dessus de crocs dignes d'un loup et son grondement avertissait l'inconnu qui osait s'approcher de Sébastien. Il fallait se faire connaître d'elle avant d'aborder celui qu'elle protégeait.

C. AUBRY, *Séverine, Belle et Sébastien,* Éd. Hachette.

5 *Lis ce texte. Puis, sur le même modèle, mais en changeant les mots, essaie de faire la description d'une souris sympathique.*

Un gros rat apparut bientôt. Un rat vraiment répugnant, avec une grosse bedaine et un poil gris couvert de débris de toiles d'araignées filandreux. Ses petits yeux jaunes se tournèrent vers le chien, puis vers le chat.

T. JONQUET, *Pourquoi demander la lune ?* Éd. Nathan (Coll. Marque Page).

3 *Décris cet animal : allure générale, caractéristiques particulières, ce que tu peux imaginer de son caractère.*

6 *Pour faire cet exercice, tu vas devoir rechercher des informations dans des ouvrages documentaires.*

● Choisis un animal dans cette liste :
chien - chat - éléphant - lion.
Décris son comportement quand :
— il est heureux de jouer
— il a peur
— il est en colère
— il est malade.

● Tu peux aussi choisir d'autres animaux.

Un constituant du GN : l'adjectif qualificatif

UN POULAIN SAUVAGE

Une silhouette blanche se précisait.

Deux fines oreilles apparaissaient. Deux grands yeux sombres s'ouvraient et se refermaient.

Inquiet, étonné, le petit cheval tremblait un peu sur ses longues jambes fines. Mais il ne fuyait pas.

Folco, ému, n'osait pas faire un geste.

Crin blanc, d'après RENÉ GUILLOT, Prix Christian Andersen 1964.

● *Découpe la première phrase du texte en GN et GV.*
— *De quoi se compose le GN ?*
— *Quel est le mot qui n'est pas indispensable ?*
— *À quoi sert ce mot ?*
● *Trouve dans d'autres GN du texte des mots identiques.*

● Le groupe du nom (GN) peut être formé d'**un déterminant,** d'**un nom** et d'**un adjectif qualificatif.**

une silhouette blanche
D   N   Adj.

● L'adjectif complète le nom.

● L'adjectif peut être placé **avant** ou **après** le nom.
Un petit *chien — un poulain* sauvage.

---

1 *Pour chaque GN, indique : D - N - Adj.*
Exemple : **Deux fines oreilles.**
        D   Adj.   N

Des oies sauvages — une forte tempête — un magnifique poulain — un ciel sombre — une jeune bête — un épais buisson.

2 *Récris les phrases après avoir supprimé les adjectifs :*

Une haute falaise dominait la vallée.
Une grande émotion lui serra la gorge.
La neige dure craquait sous nos pas.
Un petit torrent étroit s'enfonçait dans le sol.

3 *Récris les phrases en ajoutant des adjectifs aux GN :*

Le cheval gambade dans la prairie.
Des arbres bordent la rivière.
Des nuages arrivent de l'Ouest. Une tempête se lève.

4 *Place les adjectifs donnés dans les GN suivants. N'emploie pas d'autres mots :*

une fille (jolie, petite) — un singe (malin, petit) — un garçon (grand, sérieux) — un chien (bon, gros) — une route (belle, large) — une voiture (puissante, rouge)

ÉCRIRE

5 *Cherche dans tes livres de lecture, dans les récits que tu lis, des portraits de personnages, d'animaux. Présente-les à tes camarades. Choisis-en un. Copie-le.*

6 *Écris maintenant le portrait de ton (ta) meilleur(e) ami(e), puis de ton animal préféré.*

De l'adjectif au nom

LA MOTO-CROSS

- *Lis le texte.*
- *À quels noms, les adjectifs **solide** et **légère** correspondent-ils ?*
- *La **force** et l'**adresse** des pilotes.*
- *À quels adjectifs correspondent ces noms ?*
Les pilotes sont . . . et . . . .

C'est une moto solide et légère. Sa solidité lui permet de rouler sur des terrains couverts de terre, de sable et de boue. Sa légèreté la rend très maniable. Grâce à la force et à l'adresse des pilotes, elle peut grimper des côtes très raides et sauter sur les bosses.

De nombreux adjectifs ont pour correspondant un nom.

solide	→	**la solidité**
doux	→	**la douceur**
raide	→	**la raideur**

---

1 *Tu réunis l'adjectif et le nom qui correspond :*
doux → la douceur.

blanc	la grandeur
frais	la blancheur
grand	la tiédeur
tiède	la fraîcheur

2 *Tu réunis adjectif et nom :*

rapide	l'immensité
immense	la rapidité
fragile	la fragilité

3 *Tu retrouves l'adjectif :*

la longueur du tunnel	→ Le tunnel est . . .
la profondeur de la blessure	→ La blessure est . . .
l'humidité de la route	→ La route est . . .
la curiosité du gardien	→ Le gardien est . . .

4 *Tu trouves le nom formé à partir de l'adjectif :*
Le clown est triste. → . . . . . .
Ma voisine est gentille. → . . . . . .
Jérôme est gourmand. → . . . . . .
Le four est chaud. → . . . . . .

5 *Tu complètes la phrase. Pour cela, tu utilises le nom formé à partir de l'adjectif souligné :*
Mesurons l'. . . . .
(La glace est *épaisse*.)
Vérifions la . . . .
(Le pont est *solide*.)
Remarquez la . . . .
(Ce garçon est *poli*.)

ÉCRIRE

6 *Avec deux phrases, tu fais une seule phrase :*
Le clown est agile. Cela amuse les enfants.
→ L'agilité du clown amuse les enfants.

Le gouffre est profond. Cela impressionne les enfants.
→ . . . .

Cette voiture est lente. Cela retarde notre arrivée.
→ . . . .

La mer est immense. Cela affole le jeune mousse.
→ . . . .

Ce médicament est efficace. Cela encourage le malade.
→ . . . .

J'écris le son [j] :
la pa*ille*, mieux, le rayon

L'ÉVASION MANQUÉE

- *Écris les mots du texte contenant le son [j].*
- *Entoure les lettres formant ce son.*
- *Combien trouves-tu d'écritures différentes ?*

(Robinson a construit son lourd bateau trop loin du rivage. Il constate qu'il ne peut le mettre à l'eau.)

Il essaya de glisser des rondins sous la quille pour la faire rouler. Rien ne bougea.

Au bout de trois jours d'efforts inutiles, la fatigue et la colère lui brouillaient les yeux. Il songea alors à creuser depuis la mer une tranchée dans la falaise jusqu'à l'emplacement du bateau... Il se jeta au travail...

D'après MICHEL TOURNIER, *Vendredi ou la vie sauvage,*
© Castor Poche/Flammarion.

[j] peut s'écrire :

i — r*i*en
il — le trava*il*
ill — la qu*ill*e
y — les *y*eux

---

1. *Entoure les lettres qui forment le son [j] :*

le réveil — crier — appuyer — la paille — le travail — essuyer — mieux — la grille — scier — la taille.

2. *Fais deux colonnes avec les mots suivants :*
1. j'entends [j] — 2. je n'entends pas [j].

une bille — une ville — la quille — tranquille — mille — la vanille — la grille — Lille — il pille — une torpille.

3. *Complète avec -i- ou -y-.*

le ch[j]en — cr[j]er — abo[j]er — un no[j]er — du pap[j]er — un cra[j]on — un mo[j]en — le l[j]on.

4. *Complète avec -il ou -ille.*

le somme[j] — une ma[j] — ma corbe[j] — une feu[j] — l'abe[j] — le sole[j] — un ra[j] — de l'a[j].

5. *Complète à l'aide de -i-, -il-, -ill- ou -y- :*

J'écris sur une feu...e de pap...er.
Chaque matin le réve... sonne à sept heures.
Sais-tu jouer à la bata...e navale ?
La cerise est un fruit à no...au.
Ouvre tes ore...es pour bien entendre.

6. *Dictées à préparer.*

- La nouvelle vague qui fondit sur moi me couvrit d'abord d'une masse d'eau de vingt ou trente pieds de hauteur ; je sentis que j'étais entraîné vers la terre, avec une force et une rapidité incroyables.

DANIEL DEFOE, *Robinson Crusoé,* Éd. Nathan.

- Il faisait grand jour lorsque je m'éveillai : le temps était clair, la tempête dissipée et la mer calme.

DANIEL DEFOE, *Robinson Crusoé,* Éd. Nathan.

Conjugaison

Un autre passé : l'imparfait

MADEMOISELLE GUIMARD

L'auteur raconte son enfance, ses souvenirs.
- *À quel temps sont écrits les verbes du texte ?*
- *Quelles remarques peux-tu faire sur leurs terminaisons :*
  — *à l'oral ?*
  — *à l'écrit ?*
- *Choisis un verbe et conjugue-le à ce temps passé.*

J'approchais de mes six ans, et j'allais à l'école dans la classe enfantine que dirigeait Mademoiselle Guimard.

Mademoiselle Guimard était très grande, avec une jolie petite moustache brune, et quand elle parlait, son nez remuait : pourtant je la trouvais laide, parce qu'elle était jaune comme un Chinois, et qu'elle avait de gros yeux bombés.

MARCEL PAGNOL, *La gloire de mon père*, Éd. Pastorelly.

L'imparfait est un temps passé qu'on utilise souvent dans un récit pour décrire une personne, un animal ou une chose.

À l'écrit, tous les verbes ont la même terminaison : ***-ais, -ais, -ait, -ions, -iez, -aient.***

Avoir	Être
J' av**ais**	J' ét**ais**
tu av**ais**	tu ét**ais**
il, elle av**ait**	il, elle ét**ait**
nous av**ions**	nous ét**ions**
vous av**iez**	vous ét**iez**
ils, elles av**aient**	ils, elles ét**aient**

---

1 *Conjugue oralement à l'imparfait :*
être à l'heure — avoir le temps.

2 *Écris le verbe qui convient à l'imparfait (avoir ou être) :*
Tu . . . ton billet. — Nous . . . en retard. — Ils . . . un train à prendre. — On . . . une lourde valise. — Vous . . . à la gare. — J'. . . content.

3 *Écris à l'imparfait :*
Aurélie a une belle robe. — Le soleil est chaud. — Nous avons un grand jardin. — Les fleurs sont belles. — Vous avez envie de prendre un bain.

4 *Emploie l'imparfait avec le passé composé.*
Exemple : **Elle était en retard : elle a raté son train.**
Sur ce modèle, réunis ce qui va ensemble :

Nous étions en panne :   vous avez pris un bain.

Vous aviez chaud :   j'ai dévoré deux gâteaux.

J'avais faim :   papa a appelé le garagiste.

5 *Complète en employant le passé composé.*
J'avais vingt francs :   (acheter un livre)
Vous étiez malades :   (maman appeler le médecin)
Nous avions froid :   (boire un lait chaud)
On était en avance :   (avoir une bonne place)

6 *Relie ce qui peut aller ensemble.*

étais
•
écoute •   • as été
avais •   tu   • avait
remplis •   • bouges
•
as eu

7 *Récris le portrait de mademoiselle Guimard en changeant les adjectifs.*
Mademoiselle Guimard était très <u>petite</u>...

Exprimer la cause et la conséquence

1 *Lis les conséquences :* c'est ce qui est arrivé. *Puis cherche les causes :* ce sont les raisons pour lesquelles c'est arrivé. *Récris en une seule phrase.*
Exemple : Le pneu a crevé. Pourquoi? C'est parce qu'un clou traînait sur la route que le pneu a crevé.

Conséquences : La représentation de la pièce de théâtre n'a pas eu lieu. — La moto a dérapé. — La voiture a heurté le camion.

Causes : Le sol était mouillé. — Le conducteur a freiné trop tard. — L'acteur principal était malade.

2 *Fais une seule phrase avec* parce que.

Le gâteau est trop cuit. Le four était trop chaud.
Le bateau a coulé. La tempête était très violente.
Le jockey est tombé. Le cheval a mal sauté.
L'arbre est tombé. Le vent a soufflé très fort.

3 *Fais une seule phrase avec* donc.

L'eau est trop froide. Je ne me baigne pas.
Il n'aime pas les artichauts. Il n'en mange pas.

Le chat dort. Les souris dansent.
Il a deux ans de plus que sa sœur. Il est l'aîné de la famille.

4 *Complète la phrase avec un des éléments proposés. Réfléchis au sens.*
pour cause de maladie - en raison d'une grève - pour cause d'enneigement - en raison des congés annuels.

Le magasin est fermé . . . .
Les trains ne circulent pas . . . .
Il est absent en classe . . . .
La route du col est fermée . . . .

5 *Continue la phrase en inventant une cause possible.*

— Le match a été annulé en raison . . . .
— Les voitures circulent mal pour cause de . . . .
— Je suis fâché parce que . . . .
— . . . , donc il s'en va.

Jeu poétique

6 Je voudrais être un escargot
Qui habiterait une noix de coco.
Je voudrais être un géant
Qui défendrait les bonnes gens.
Mais je ne suis qu'une tortue
Qui aime bien la laitue.

VINCENT.

● *Tu complètes :*

Je voudrais être une étoile
Qui tisserait sa . . . . . .
Je voudrais être une planète
Qui roulerait à . . . . . .
Mais je ne suis qu'un breton
Qui . . . . . .

● *Tu écris d'autres textes...*

Reconstitution de texte

7 **Les champignons**
C'est quelque chose de délicieux que de respirer profondément un champignon : il sent la mousse, les feuilles, le terreau. Il sent le sol mouillé. Quand mon père avait cueilli son premier champignon, il le humait, le grattait de la pointe de son couteau et le mangeait tout cru, d'un air gourmand.

MARIE MARCILLAT, *À l'écuelle au chat,* L'Amitié par le livre.

Expliquer

1 *Choisis le titre qui convient le mieux à cet article de journal.*

L'échouage d'un cargo allemand — Cotentin : des mesures contre la marée noire — Le ministère annonce l'ouverture d'un crédit.

> Différentes mesures ont été prises par le ministère de l'Environnement pour limiter les conséquences de la mini-marée noire survenue sur une partie de la côte ouest du Cotentin après l'échouage d'un cargo allemand, le « Kini Kersten ».
> Le ministère a annoncé l'ouverture d'un crédit de 680 000 F prélevé sur le fonds Polmat (institué après la catastrophe de l'« Amoco Cadiz » en 1978).
> Le préfet de la Manche a mis en demeure l'armateur du navire de procéder à la vidange de soutes et à l'allègement de la cargaison, en vue « de limiter les risques de pollution et de permettre le "désé-chouage" du bateau. »
>
> Midi Libre, 3-1-87.

2 *Choisis la meilleure conclusion de cet article.*

Les deux hommes ont tout à coup aperçu une silhouette massive. — Le requin blanc a une impressionnante gueule tapissée de dents triangulaires. — Cette situation est rare et les deux hommes se souviendront certainement longtemps de leur peur.

> Deux plongeurs sous-marins ont eu la peur de leur vie lorsqu'ils se sont retrouvés, en pleine rade de Marseille, nez à nez avec un requin blanc, un mangeur d'hommes de 5 à 6 m de long. Les deux hommes, des marins-pompiers, effectuaient leur entraînement au large de l'archipel du Frioul, près du château d'If, par 28 m de fond quand ils ont « tout à coup aperçu une silhouette massive ».
> En gesticulant et frappant la surface de l'eau, le second plongeur est parvenu une nouvelle fois à se dégager et à regagner son embarcation, non sans avoir vu s'ouvrir une impressionnante gueule tapissée de dents triangulaires.
>
> Midi Libre, 6-12-86.

Préciser

3 *Complète les noms à l'aide des mots suivants :*
petit, sauvage, belle, hautes, violent, parfumée.

La rose est une ... fleur .... — Ce ... flacon contient un poison .... — Le canard ... se cache dans les ... herbes de l'étang. — Un vent ... souffle entre ... maisons de la rue. — Un ... ruisseau coule au milieu d'une vallée ....

4 *Complète les noms pour que les phrases donnent plus de renseignements :*

Nous avons loué une ... maison de ... située au milieu des prés .... — Dans la forêt de ..., on trouve des lapins .... — On pêche dans l'eau ... du .... — On attrape souvent des ... et des .... On les fait cuire dans ... et on les mange avec ....

Jeu poétique

5 *On peut s'amuser à modifier un mot ou une phrase, en jouant sur les sons pour produire un à-peu-près.*

Exemple : **Si tu venais à tomber salade, qui donc te repasserait ton singe ?**

PEF, *La belle lisse poire du prince de Motordu*, Éd. Gallimard.

Remplace : **Si tu venais à tomber malade, qui donc te repasserait ton linge ?**

Récris ces phrases avec des à-peu-près :

Le bateau était secoué par les vagues.
« Je suis une fille », dit-elle en criant.
Les salades poussent dans le potager.
Le canon lançait des boulets sur les murs du château.

Reconstitution de texte

6 **Les bruits de la nuit**

Tout à coup, dans le grenier, les loirs commencèrent une sarabande, qui se termina par une bagarre, avec des bonds et des cris pointus. Puis, le silence se fit, et j'entendis, à travers la cloison, le ronflement de l'oncle Jules.

MARCEL PAGNOL, *La gloire de mon père*, Éd. Pastorelly.

Un autre constituant du GN :
le complément du nom

• **La fin de la journée est chaude.**
— *Quel est le GN sujet de cette phrase ?*
— *De quoi se compose-t-il ?*
— *Quel renseignement apporte le second GN, la journée ?*
— *Quel petit mot relie les deux GN ?*
● *Trouve un autre exemple dans le texte.*

AU-DESSUS DE LA MER DE GLACE

Une fine couche de neige fraîche saupoudre toutes les cimes jusqu'à trois mille mètres d'altitude. La fin de la journée est chaude sur ces rochers exposés au sud-ouest qui recueillent jusqu'à la nuit les rayons du soleil. En face d'eux, le Mont Blanc s'étage, magnifique de proportions, dominant toutes les cimes alentour.

FRISON ROCHE, *La grande crevasse,* © Éd. Arthaud.

Le nom d'un GN peut être complété par un nom ou un groupe du nom relié à lui par un petit mot appelé **préposition.**

La fin de *la journée*
↓ ↓
préposition groupe complément
du nom *fin*

1 *Souligne le GN complément du nom, et entoure la préposition qui l'introduit.*

le chemin de fer — la mer de glace — le sommet de la montagne — les lumières de la ville — le sac à dos — le héros de l'histoire.

2 *Complète ces GN par un complément du nom.*

L'agent de . . . — Le bateau à . . . — Le champion du . . . — Les patins à . . . — Le coucher du . . . — Le hockey sur . . . — Le mois de . . . — Le château de . . . — La place du . . .

3 *Récris ces phrases en ajoutant un complément du nom à chaque GN.*
Exemple : **Ce gâteau est très bon.** →
Ce gâteau au chocolat est très bon.

Cette crème est délicieuse. — Le marchand a ouvert son magasin. — Les chevaux tournent sur le manège. — La voiture fonce sur le circuit. — Le fer glisse sur le linge humide.

4 *Trouve un GV pour chaque GN. (Attention, le verbe s'accorde avec le nom principal.)*

Le moniteur de ski . . . .
Une importante couche de neige . . . .
Le médecin du village . . . .
Le sapin de la forêt . . . .
Cette période de froid . . . .

5 *Trouve un GN sujet agrandi pour chaque GV.*
Exemple : **Le chien de mon voisin** aboie sans arrêt.

. . . . . . fait partir le train.
. . . . . . franchit le mur du son.
. . . . . . est une grande course cycliste en été.
. . . . . . conduit les musiciens avec sa baguette.
. . . . . . est le premier jour de l'année.
. . . . . . contient cent allumettes.

Du verbe au nom

Vocabulaire

SUR LA ROUTE

- *À partir des verbes* changer, circuler, *quels noms a-t-on formés ?*
- *Trouve le nom qui correspond au verbe* passer.
- *Trouve le verbe qui correspond au nom* augmentation.

Aujourd'hui, le temps a changé et se met au beau. Ce changement va pousser les automobilistes à prendre la route. De nombreuses voitures vont circuler. Cette circulation sera ralentie par les bouchons.

L'augmentation de l'essence est pour demain et les automobilistes en profitent pour passer à la pompe.

De nombreux noms sont formés sur un verbe, à l'aide d'une syllabe supplémentaire : *-ment, -age,* ou *-tion.*
Changer → changement — passer → passage — circuler → circulation.

1 *Tu réunis le verbe et le nom qui correspond :* **changer → le changement.**

lancer, le freinage, préparer, le lancement, freiner, le rangement, ranger, la préparation.

2 *Tu trouves le nom :*

arroser → l' ...
déménager → le ...
opérer → l' ...
réparer → la ...
ramasser → le ...

3 *Tu trouves le verbe :*

... → la pollution
... → un croisement
... → l'affichage
... → une adoption
... → un achat

4 *Tu complètes en trouvant le nom :*

Les cigognes passent. → le ... des ...
Les bus circulent. → la ...
Le pont s'effondre. → l' ...
Les manèges s'installent. → l' ...

5 *Tu trouves le verbe et tu écris la phrase qui correspond.*

le sifflement du train → Le ...
le ronflement du moteur → ....
le commencement des travaux → ....
la tombée de la nuit → ....

6 *C'est plus difficile, trouve le nom :*

L'accusé répond. → la ...
Le bus s'arrête. → l' ...
Le cheval saute. → le ...

ÉCRIRE

7 *Avec deux phrases, tu fais une seule phrase :*
Le camion passe. Les vitres tremblent.
→ **Le passage du camion fait trembler les vitres.**

Un moteur ronfle. Les voisins sortent.
→ ....

Le tonnerre gronde. Les enfants ont peur.
→ ....

L'heure change. Grand-mère se trompe.
→ ....

Je choisis entre *s'est* et *c'est*

SURPRIS !

- Alceste s'est arrêté...
— *Quel est l'infinitif du verbe de cette phrase ?*
— *Écris le verbe au présent.*
— *Connais-tu d'autres verbes employés avec* se *ou* s' *?*
- C'est Nicolas.
— *Quel mot suit le verbe ?*
— *Peux-tu conjuguer à d'autres personnes ?*

On a vu le bouton de porte qui tournait doucement et puis la porte a commencé à s'ouvrir petit à petit, en grinçant. Tous on regardait et on ne respirait pas souvent, même Alceste s'est arrêté de mâcher. Et, tout d'un coup, il y en a un qui a crié : « C'est le Bouillon* ! » La porte s'est ouverte et le Bouillon est entré, tout rouge. « Qui a dit ça ? » il a demandé. « C'est Nicolas ! » a dit Agnan. « C'est pas vrai, sale menteur ! » et c'était vrai que c'était pas vrai, celui qui avait dit ça, c'était Rufus. C'est toi ! C'est toi ! C'est toi ! » a crié Agnan et il s'est mis à pleurer.

SEMPÉ/GOSCINNY, *Le petit Nicolas*, Éd. Denoël.
© C. Charillon – Paris.

* Le surveillant.

- **S'est, s'était** sont suivis d'un participe passé. Ils peuvent se conjuguer à d'autres personnes.
  Alceste s'est *arrêté...   Je* me suis *arrêté...   Tu* t'es *arrêté...*

- **C'est, c'était** sont généralement suivis d'un nom ou d'un adjectif. Ils ne se conjuguent pas.

1 *Écris cinq verbes à l'infinitif accompagnés de* se *ou de* s'.

2 *Écris au passé en suivant le modèle :*
Il se lève → **Il s'est levé.**

Il s'occupe — Elle se baigne — Il s'allonge — Elle s'endort — Alain se prépare — Aurélie s'installe — L'oiseau se perche.

3 *Complète par* s'est *ou* c'est :
Soudain, il . . . arrêté. — . . . le cirque qui vient d'arriver. — . . . la fête au village. — . . . un clown très drôle. — . . . un acrobate extraordinaire. — Un poulain . . . échappé.

4 *Même exercice :*
Julien . . . perdu. — . . . vrai ? — . . . incroyable ! — . . . une erreur. — . . . à moi. — Comme . . . beau !

5 *Complète par* s'était *ou* c'était :
Il . . . mis au travail. — . . . une belle aventure. — . . . dans un souterrain que l'animal . . . caché. — L'oiseau . . . envolé et . . . posé sur le vieux chêne. — Il . . . trompé, . . . faux.

6 *Dictées à préparer.*
Autodictée : les deux premières phrases du texte.

- *Au cirque.* C'est un spectacle étonnant. Céline s'est assise au premier rang et rit de bon cœur. C'est l'histoire d'un clown qui s'est pendu par le fond de son pantalon.

- *Le chien.* C'était un chien qui avait beaucoup vécu et beaucoup voyagé. Il s'était souvent battu. Sur son dos il portait la trace d'un coup de fusil, un jour où il s'était trop engagé dans une réserve de chasse.

RENÉ ESCUDIÉ, *Grand loup sauvage*, Éd. Nathan.

Conjugaison

L'imparfait
des verbes du 1er groupe (en -*er*)

- *Relève les verbes du texte.*
- *— Quel est leur infinitif?*
- *— Combien y a-t-il de verbes du 1er groupe?*
- *À quel temps sont-ils écrits?*
- *— À quelles personnes?*
- *Choisis trois verbes et conjugue-les à l'imparfait.*
- *Relis ce texte au présent.*

À LA BIBLIOTHÈQUE

À l'école, à part quelques rares élèves, personne ne lisait de livres et on n'en parlait jamais. Seulement lorsque le maître appelait quelqu'un au tableau.

Ici, à la bibliothèque, c'était tout le contraire…

Les garçons emportaient des livres pour leurs frères, leurs sœurs, et même pour les parents.

Olek connaissait tout le monde ici et il était connu de tout le monde. Il distribuait des conseils, aidait à faire un choix, déconseillait tel ou tel titre.

JANUSZ KORCZAK, *La gloire*, Éd. Flammarion (Coll. Castor Poche).

Parler

Je parl**ais**	nous parl**ions**
tu parl**ais**	vous parl**iez**
il, elle parl**ait**	ils, elles parl**aient**.

Rappel des terminaisons : *-ais, -ais, -ait, -ions, -iez, -aient.*

---

1 *Écris le pronom manquant.*

… tremblais — … passions — … quittaient — … était — … retourniez — … formait — … avaient — … avalais.

2 *Écris à la 1re personne du pluriel* (nous) *du présent et de l'imparfait les verbes suivants :*
Exemple : **nous chantons — nous chantions.**
écouter — calculer — chasser — habiter — danser.

3 *Même exercice. Attention à l'orthographe.*
manger — avancer — plonger — ranger — placer.

4 *Récris les phrases à l'imparfait :*
Les enfants arrivent à l'heure. — Le jardinier sème de la salade. — Julien et Sylvie ramassent des champignons. — Martin filme son petit frère. — Les acteurs jouent une scène amusante.

5 *Termine les phrases en employant le passé composé :*
J'étais sous la douche quand le téléphone *(sonner)*
Ils regagnaient la maison quand l'orage *(éclater)*
Nous approchions sans bruit mais le lièvre *(détaler)*
Vous étiez en retard, vous *(rater le train).*

6 *Relie quand c'est possible :*

regardons

iront •   • avez rencontré

irons •   nous   • pensions

sommes allés •   • arrivions

sommes

lavaient

regardes •   • arrivait

traçaient •   ils   • ont changé

marchait •   • obéissent

sont allés

Le genre : masculin et féminin (1)

DENISE

● *Mets le texte au masculin, en remplaçant* **Denise** *par* **Denis.**

● *Quelle est la terminaison du féminin, dans* **amie, polie, attentive** *?*

● *Quel petit mot renseigne immédiatement sur le genre du GN ?*

La sœur de mon amie Louise s'appelle Denise. Elle a neuf ans. Elle est grande, blonde, souriante et très polie. Elle n'est pas comme son frère Pascal qui est coléreux et boudeur.

Denise est une bonne élève, attentive et travailleuse. Plus tard, elle veut devenir médecin.

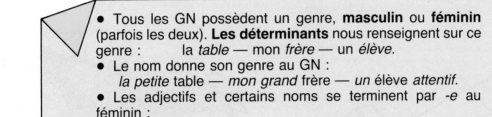

● Tous les GN possèdent un genre, **masculin** ou **féminin** (parfois les deux). **Les déterminants** nous renseignent sur ce genre : la *table* — mon *frère* — un *élève.*

● Le nom donne son genre au GN :
la petite table — *mon grand* frère — *un* élève *attentif.*

● Les adjectifs et certains noms se terminent par *-e* au féminin :
petit → petite ; grand → grande ; ami → amie.

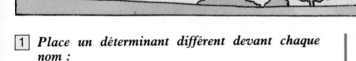

1 *Place un déterminant différent devant chaque nom :*

. . . ami — . . . cliente — . . . cousin — . . . voisine — . . . tapis — . . . abonné — . . . cycliste — . . . oncle — . . . invitée — . . . balle.

2 *Écris au masculin :*

ma bonne chatte — sa gentille chienne — cette belle lionne — une bonne gardienne — la grande musicienne.

3 *Écris au féminin :*

Le voisin de François est comédien.
Le client de ce commerçant est content.
Notre maître est exigeant, mais patient.
Le nageur imprudent s'est noyé.
Ce monsieur est un Américain.

4 *Écris le genre demandé (masc.) ou (fém.) quand c'est possible :*

un épicier aimable *(fém.)* — un rhinocéros sauvage *(fém.)* — la grande girafe *(masc.)* — une chanteuse célèbre *(masc.)* — un livre neuf *(fém.)* — une écolière attentive *(masc.).*

5 *Masculin ou féminin ? Mets l'article* **un** *ou* **une** *devant chacun des noms suivants, puis contrôle avec ton dictionnaire :*

automne — laboratoire — étagère — territoire — pétale — antilope — écharpe — légende.

6 *Classe les GN suivants en deux colonnes : 1. n'ont qu'un seul genre, 2. ont les deux genres :*

le ciel — la musique — le maître — la brebis — le tigre — le vent — la chambre — un Français — Jean — Isabelle.

7 *Attention aux pièges ! Complète avec l'article qui convient :*

Je viens de lire . . . livre amusant.
Maman a acheté . . . livre de fraises.
Il y a une tache sur . . . manche de ma chemise.
Julien a cassé . . . manche du marteau.
Il y a un joli bouquet dans . . . vase.
Je n'aime pas marcher dans . . . vase.

Les homonymes

L'OIE ET SON LONG COU

Lis le texte.
- *Observe :*
— *le cou de l'oie*
— *le coup de poing*
— *la cour de la ferme*
— *le cours de français*
Que peux-tu dire des groupes de mots soulignés ?
- *Sur ce modèle, trouve des homonymes à :*
faire de la peine.
Il est trop long.

L'oie commençait à sommeiller quand arriva du fond de la cour un coq désœuvré★ qui se planta devant elle et dit en la regardant d'un air apitoyé :

— Je ne voudrais pas te faire de la peine, mais tu as quand même un drôle de cou.

— Un drôle de cou ? dit l'oie. Pourquoi un drôle de cou ?

— Cette question ! mais parce qu'il est trop long ! Regarde le mien…

MARCEL AYMÉ, « Le paon » in *Les contes du Chat Perché*, © Gallimard.

★ Qui ne sait que faire.

- On appelle **homonymes** les mots qui se prononcent de la même manière mais qui n'ont pas le même sens :
  le *cou* de l'oie — le *coup* de téléphone
  le *saut* à la corde — le *seau* d'eau.

- Certains homonymes ont la même orthographe :
  Elle a *l'air* contente. — En montagne, on respire *l'air* pur.
  Le *manche* de la pelle. — La *manche* de la veste.

---

1 *Complète avec le mot qui convient :*
la moule / le moule — le noyer / noyer.

. . . . est utilisé en pâtisserie.
. . . . est un coquillage comestible.
. . . . pousse lentement.
On peut se . . . . dans ces tourbillons.

2 *Même exercice avec : cou — coup — coût.*

J'ai reçu un . . . de pied. — Regarde la girafe : quel . . . ! — Un violent . . . de tonnerre a suivi l'éclair. — As-tu calculé le . . . du transport ? — Il a passé ses bras autour de son . . . .

3 *Complète avec l'homonyme qui convient : cent — sang — sans.*

On lui a fait une prise de . . . . — Nicolas bavarde . . . arrêt. — Peux-tu me faire la monnaie de . . . francs. — Il se fait du mauvais . . . .— Je viendrai . . . faute.

4 *Même exercice avec : sans — s'en — sent.*

Cette rose . . . bon. — Elle . . . va seule. — Il ne . . . fait pas. — Parle . . . hésiter. — Ce premier brouillard . . . l'automne.

5 *Trouve les homonymes à l'aide des définitions suivantes et écris-les. Aide-toi du dictionnaire.*

Il sert à porter de l'eau : le . . .
Il n'est pas très intelligent : il est . . .
On peut le faire avec un parachute : le . . .
Le seigneur, le roi, s'en servait comme signature : le . . .

6 *Même exercice.*

C'est dix fois deux : . . .
Il est dangereux d'en boire trop : du . . .
Verbe « venir » au passé simple : je . . .
Tu essayes mais tu n'y parviens pas : tu essayes en . . .

7 *Complète avec l'homonyme qui convient : ver — verre — vert — vers.*

J'arriverai . . . cinq heures.
Il y a un . . . dans cette pomme.
Ce . . . est à moi.

J'écris les noms en [war] : le *tiro*ir, l'*armo*ire

- *Lis le texte.*
- *Fais deux colonnes :*
— **noms masculins en [war]**
— **noms féminins en [war]**
- *Quelle règle d'orthographe peux-tu en tirer ?*
- *Quel est le genre de ces noms :*
— **réfectoire ?**
— **territoire ?**
Utilise ton dictionnaire.

LE LOIR

Non, le monde n'est pas noir ;
Ni tombeau ni abattoir !
La planète est belle à voir :
Le lac est un abreuvoir
Le feu une rôtissoire
Le ciel est un arrosoir
Le soleil est un séchoir
La terre est un reposoir !
Oui, la vie n'est que victoire
Quand on la lutte au dortoir.

ROBERT VIGNEAU, Bestiaire à Marie, Éd. Nathan.

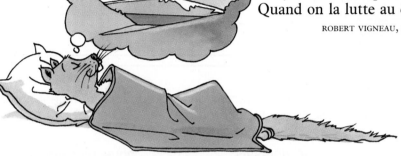

- Les **noms féminins** terminés par [war] s'écrivent toujours *-oire.*
- **Beaucoup de noms masculins** terminés par [war] s'écrivent *-oir.*
Quelques exceptions : un *laborat*oire — un *observat*oire — un *interrogat*oire — un *réfect*oire — un *territ*oire.

---

1 *Place un article devant chacun des noms :*

... devoir — ... tiroir — ... passoire — ... mouchoir — ... poire — ... armoire — ... accessoire — ... balançoire.

2 *D'un mot à l'autre. Écris les noms en [war] qui correspondent aux verbes suivants (accompagne-les d'un déterminant) :*

baigner — percher — trotter — raser — nager — manger — hacher — planter — espérer — compter.

3 *Complète avec le nom en [war] manquant :*

C'est la panne ; il n'y a plus d'essence dans le ...
Le savant travaille dans un ...
Grand-père m'a raconté une belle ...
Si tu as une bonne ..., tu t'en souviendras.

4 *Quel est l'intrus de cette liste ? Pourquoi ?*

tiroir — histoire — boire — mouchoir — passoire.

5 *Même exercice :*

victoire — territoire — réfectoire — croire — écumoire.

6 *Dictées à préparer.*

- Quand la nuit venait, au clair de lune, la biche tachetée descendait à la source où elle allait boire avec son faon et elle s'imaginait voir dans l'eau, comme dans un miroir, les formes douces de son enfant.

D'après G. NIGREMONT, Le petit faon, Éd. La Farandole.

- *Boo, mon chat*
Quelquefois, après un coup de patte un peu appuyé, il disparaît pour le reste du jour. En vain on le cherche : on ne le retrouve que le soir dans un tiroir au fond d'une armoire.

A. LICHTENBERGER, Les contes de Minnie, Éd. Plon.

L'imparfait des verbes du 2e groupe (en *-ir*)

• ***Relève les verbes du 2e groupe du texte.***
— À quel temps sont-ils écrits ?
— À quelles personnes ?
• ***Choisis un verbe du 2e groupe, dans le texte, et conjugue-le à toutes les personnes de l'imparfait.***

LE BONHOMME DE NEIGE

Un gamin pétrissait entre ses mains une grosse boule de neige, la posait délicatement sur une couche bien unie et la poussait avec prudence, d'abord de la main droite, puis de la main gauche, puis avec un pied, enfin avec ses pieds et ses mains.

D'autres gamins accouraient. Ils unissaient leurs efforts, et bientôt, l'énorme bloc creusé de deux yeux et d'une bouche devenait un bonhomme imposant.

D'après JULES RENARD.

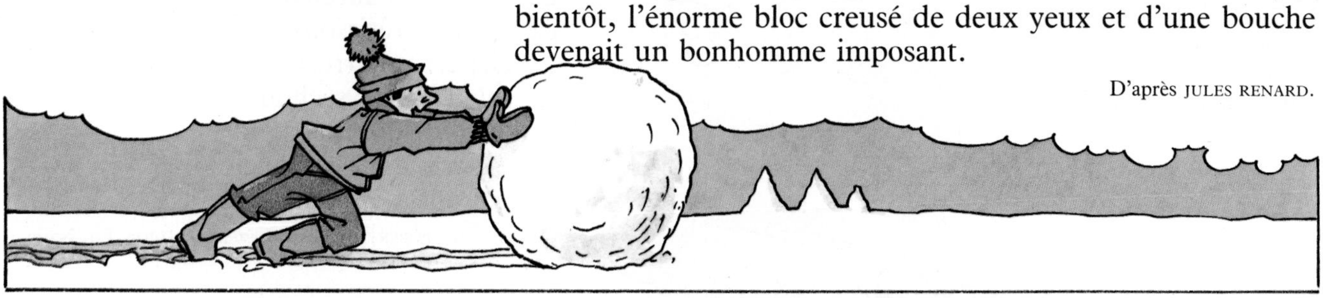

À l'imparfait, tous les verbes du 2e groupe se terminent par : *-issais, -issais, -issait, -issions, -issiez, -issaient.*

Unir

*J' un**issais***	*nous un**issions***
*tu un**issais***	*vous un**issiez***
*il, elle un**issait***	*ils, elles un**issaient***

1 ***Conjugue oralement les verbes suivants :* garnir un vase — finir son devoir.**

2 ***Écris les pronoms manquants :***
... obéissait — ... réfléchissions — ... gravissiez — ... grossissaient — ... réunissais — ... franchissait.

3 ***Écris à l'imparfait :***
Je (choisir un livre) — On (applaudir le chanteur) — Elles (bondir de joie) — Nous (gravir la côte) — Tu (remplir la bouteille) — Vous (grandir rapidement).

4 ***Récris à l'imparfait :***
Nous franchissons la barrière. — Tu fleuris la maison. — Les enfants bâtissent un château de sable. — Le tigre bondit sur sa proie. — Les nuages obscurcissent le ciel.

5 ***Écris le premier verbe à l'imparfait, le second au passé composé :***
Nous *(applaudir)* quand le clown *(entrer)*
Je *(finir)* mon livre quand tu *(appeler)*
Vous le *(regarder)* ; tout à coup il *(rougir)*
Il *(atterrir)* quand le vent *(se lever)*

6 ***Relie quand c'est possible :***

a choisi •
rougirai • • agit
guérit • on • remplissait
a lancé • • bondissaient
• allait

obéissaient •
iront • • gravissent
vont • les enfants • vont
écoutes • • bondirons
• ont réussi

Le genre : masculin et féminin (2)

L'AFFICHE

LE CIRQUE BRIDIBI

Le beau Gino et son tigre du Bengale
Ses merveilleux jongleurs
Les frères Karis, trapézistes volants
Fitsi le cheval qui parle
Le chien musicien
L'avaleur de feu et le célèbre clown Pipo
— Entrée gratuite pour les petits
spectateurs de moins de cinq ans.

● *Récris cette affiche en changeant les genres, aussi souvent que tu le peux.*
— *Quels mots deviennent différents ?*
— *Quels mots ne changent pas d'un genre à l'autre ? Pourquoi ?*

● Certains noms ont un masculin et un féminin différents :
    le cheval → la jument   le frère → la sœur.

● Beaucoup de noms et d'adjectifs ont des terminaisons différentes au masculin et au féminin :
    berger → bergère   jongleur → jongleuse
    spectateur → spectatrice   merveilleux → merveilleuse.

● D'autres ne changent pas d'un genre à l'autre :
    un acrobate → une acrobate

---

1 *Donne le féminin des GN suivants :*

le roi — mon oncle — le coq — mon neveu — un garçon — un cerf.

2 *Donne le masculin des GN suivants :*

la cane — la vache — la brebis — la guenon — la marraine.

3 *Réunis le mâle et la femelle :*

le jars ●   ● la truie
le porc ●   ● la chèvre
le sanglier ●   ● l'oie
le bouc ●   ● la laie

4 *Écris au féminin :*

un spectateur attentif   un dompteur courageux
un jongleur habile   un acteur joyeux
un excellent patineur   un bon directeur.

5 *Même exercice :*

un âne craintif   un prince charmant
un cheval doux   un caissier honnête
un chat blanc   un père inquiet

6 *Classe les adjectifs suivants en deux colonnes : 1. restent invariables, 2. changent de terminaison, au masculin, au féminin.*

violent — fragile — amical — agile — rapide — patient — jeune — courageux — comique — agréable.

7 *Écris au masculin :*

une lionne apprivoisée — une merveilleuse danseuse — une jeune institutrice — une chienne peureuse.

8 *Change le genre des mots suivants :*
Exemple : fils → fille.

mâle : . . . — vive : . . . — sec : . . . — ancien : . . . — voleuse : . . . — maîtresse : . . . — dernière : . . . — nièce : . . .

Familles de mots

Vocabulaire

Lis le texte.
- *Observe :*
— *Le vent sifflait et ronflait.*
— *On entendait le sifflement et le ronflement du vent.*
— *Trouve d'autres mots appartenant à ces deux familles.*
- *Trouve des mots de la famille de vent — long — maison.*

Mais pendant le long hiver, que la maison était donc triste ! Le vent hargneux sifflait sous la porte et ronflait dans la cheminée. Le vieux toit gémissait et craquait sous les bourrasques. Et toute la grande forêt, abandonnée par les oiseaux, paraissait morte autour de la maison.

MAURICE GENEVOIX, *L'hirondelle qui fit le printemps.*

- Les mots d'une même famille ont une origine commune.
origine régulière : *terre, terrain, territoire…*
           hiver, hiverner, hivernal…
origine irrégulière : *mer, amerrir, marin, maritime…*

1 *Complète d'après le modèle :*

hargneux : qui montre sa *hargne.*
coléreux → . . .   paresseux → . . .
orgueilleux → . . .   douloureux → . . .

2   **Maurice Genevoix**   *On peut*
         écrit :   *dire :*
          ↓   ↓
Le vent sifflait.   le sifflement
                    du vent

Le vent ronflait.   . . . .
Le toit craquait.   . . . .
Le toit gémissait. . . . .

3 *Écris trois mots de la famille de :*

grand : . . . .
plonger : . . . .
course : . . . .
(Contrôle avec ton dictionnaire.)

4 *Recopie chaque liste en chassant l'intrus qui s'y trouve :*

- le ménage — déménager — emménager — la ménagerie.

- la boucherie — le boucher — le bouchon — la bouchère.
- la dent — la dentelle — le dentiste — le dentifrice.

5 *Même exercice.*

- saler — la salière — le salage — dessaler — la saleté.
- la chaleur — chaud — réchauffer — la chaumière — le chauffage.
- une rondelle — arrondir — la rondeur — le rond-point — ronronner.

6 *Sur le modèle :* lent → lenteur → lentement, *complète :*

large : . . . .   *grande :* . . . .
fraîche : . . . .   *verte :* . . . .
lourde : . . . .   *douce :* . . . .

7 *Écris des mots de la famille de :*

air : → . . . .
école : → . . . .
sèche : → . . . .
(Contrôle avec ton dictionnaire.)

J'écris les noms féminins en [e], [te], [tje] : la *fée*, la *santé*, une *moitié*

UNE PAGE DE PUBLICITÉ

• *Classe en deux colonnes :*
— **les noms féminins en [e]**
— **les noms féminins en [te].**
Quelle règle peux-tu en tirer ?

Plus de corvée
vive la liberté
avec la fée

TOUNETT

Vous toussez
dragées
Ladouss

Santé, beauté
la crème
Belpo est
arrivée

Pour une bonne
journée, démarrez
Chicorée

Chassez l'humidité
utilisez les produits

OSSEC

Retrouvez la
légèreté du papillon
avec l'eau

MILBUL

La timidité vaincue
grâce aux pastilles
Duculo

• Les noms féminins en [e] s'écrivent **-ée** : *la fé*e, *la drag*ée.
Exception : *la clé* (qui peut aussi s'écrire *la cle*f).

• Beaucoup de féminins en [te], et tous les noms féminins en
[tje] s'écrivent **-é** : *la sant*é, *la publicit*é, *l'amiti*é.

Mais on écrit :
*la dict*ée — *la port*ée — *la jet*ée — *la mont*ée — *la pât*ée.

---

1 *Complète par* [e] *ou* [te].

la propre... — la quali... — la ros... — l'arm...
— la dic... — l'araign... — l'entr... —
la mon... — la clar... — la pâ...

2 *Écris les noms féminins en* [e] *formés à partir des noms suivants :*
Exemple : le rang → la rangée.

le gel — la gorge — le matin — le poing —
la bouche — le soir — l'an — la cuiller.

3 *Écris les noms féminins en* [te] *ou* [tje] *formés à partir des adjectifs suivants :*
Exemple : bon → la bonté.

timide — agile — facile — léger — rapide —
amical — pauvre — curieux.

4 **Une pièce claire → la clarté de la pièce.** *Sur ce modèle, transforme les GN suivants :*

une mer immense — un jeu brutal — un papillon
léger — une classe propre.

5 *Les noms féminins indiquant le contenu d'un récipient s'écrivent* -ée.
Exemple : la pelletée *(contenu de la pelle)*;
la cuillerée *(contenu de la cuiller).*
Écris les noms qui correspondent aux définitions :

Le contenu de la brouette est une ...
Le contenu d'une assiette est une ...
Le contenu d'un pot est une ...

6 *Dictées à préparer.*

• La matinée se passa comme à l'ordinaire ; mais
vers dix heures, une ondée nous surprit. Elle dura
une dizaine de minutes. Mon père mit à profit ce
repos pour nous enseigner qu'il ne fallait en aucun
cas se mettre à l'abri sous un arbre.

D'après MARCEL PAGNOL, *Le château de ma mère,*
Éd. Pastorelly.

• Le bois de chênes tout entier baignait dans la
clarté lunaire. Les vieux arbres trempaient de
toutes leurs branches dans ce bleu astral. Quand
moi-même j'entrai, sortant de l'ombre dans un de
ces blocs de clarté, je devenais subitement un
petit corps pétri de lumière et de lune.

HENRI BOSCO, *L'enfant et la rivière,* Éd. Gallimard.

Conjugaison

L'imparfait du verbe *aller* et des verbes du 3ᵉ groupe (en *-ir, -oir, -re*)

LE DANGER APPROCHE...

• *Relève les verbes du texte. Quel est leur infinitif?*
• *À quel temps sont-ils écrits?*
• *À quelles personnes?*
• *Conjugue le verbe savoir à l'imparfait puis un autre verbe de ton choix. Que peux-tu dire?*

De temps en temps, le Grand-Duc faisait un signe, et un officier se précipitait aux ordres.

« Du nouveau? demandait le Grand-Duc.

— Tout va bien, Altesse Sérénissime », répondait l'officier, ne trouvant pas le courage de dire ce qu'il savait, et qui n'était guère réjouissant. Et l'orchestre continuait à jouer, les ballerines dansaient, des lapins vivants sortaient d'une citrouille, et le ventriloque parlait avec son ventre de choses et d'autres... Le Grand-Duc, enchanté, souriait; il s'amusait, lui. Est-ce que tout n'allait pas parfaitement bien?

Tout allait mal, au contraire : les ours avaient déjà pris d'assaut la forteresse, et se répandaient maintenant dans les rues de la ville.

D'après DINO BUZZATI, *La fameuse invasion de la Sicile par les ours*, Éd. Stock.

Les verbes du 3ᵉ groupe (infinitif en *-ir, -oir,* ou *-re*) et le verbe *aller* forment leur imparfait avec les terminaisons :
-ais, -ais, -ait, -ions, -iez, -aient.

Aller	Sortir	Répondre
J' all**ais**	Je sort**ais**	Je répond**ais**
tu all**ais**	tu sort**ais**	tu répond**ais**
il, elle all**ait**	il, elle sort**ait**	il, elle répond**ait**
nous all**ions**	nous sort**ions**	nous répond**ions**
vous all**iez**	vous sort**iez**	vous répond**iez**
ils, elles all**aient**	ils, elles sort**aient**	ils, elles répond**aient**

---

1 *Conjugue oralement à l'imparfait :* aller au marché — sortir sans bruit.

2 *Écris le pronom manquant :*

... ouvrais — ... descendait — ... sortiez — ... garnissaient — ... remplissions — ... sortais.

3 *Écris le présent, le futur, puis l'imparfait (2ᵉ personne du singulier) des verbes suivants :*

porter — remplir — ouvrir.

4 *Même exercice avec :* avoir, être, aller. *Que remarques-tu?*

7 *Relie quand c'est possible :*

5 *Récris les phrases à l'imparfait :*

Julien va dans la forêt. Il ramasse des champignons. Nous allons le rejoindre. On goûte sur l'herbe. Nous rentrons ensuite.

6 *Écris le premier verbe à l'imparfait, le second au passé composé :*

J' *(aller)* au théâtre quand je l' *(rencontrer)*.
Nous *(aller)* partir quand il *(arriver)*.
Marc *(aller)* à la piscine quand vous l' *(appeler)*.
(Être)-vous en retard quand vous l' *(croiser)*?

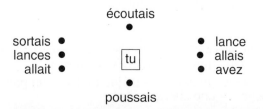

alliez
•

avez eu •   • irez   sortais •   • lance
entendiez •   [vous]   • êtes allés   lances •   [tu]   • allais
allait •   • passait   allait •   • avez

•   •
avez joué   poussais

écoutais
•

Le mode d'emploi

- *Lis bien ce mode d'emploi.*
  Observe attentivement les croquis.
- *Relève les trois étapes de l'exécution et note les*
  verbes qui les indiquent.
- *Relève les précisions sur les quantités et les durées.*

PURÉE AU LAIT VICO

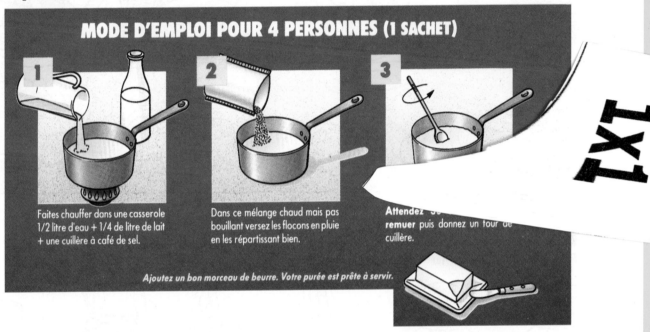

MODE D'EMPLOI POUR 4 PERSONNES (1 SACHET)

1 Faites chauffer dans une casserole 1/2 litre d'eau + 1/4 de litre de lait + une cuillère à café de sel.

2 Dans ce mélange chaud mais pas bouillant versez les flocons en pluie en les répartissant bien.

3 Attendez ... remuer puis donnez un tour de cuillère.

Ajoutez un bon morceau de beurre. Votre purée est prête à servir.

- Pour écrire un mode d'emploi, il faut :

  – indiquer brièvement et clairement les **étapes** de ce qu'on doit faire *(verbes à l'infinitif ou à l'impératif)* ;
  – donner des **indications précises** *(poids, temps, etc.)* ;
  – utiliser souvent des **croquis** ou **photos** qui aident à mieux comprendre le texte.

 En t'aidant des croquis et des conseils, tu vas écrire le mode d'emploi de la préparation de la purée au four micro-ondes.

- *Pour t'aider, tu peux reprendre les textes que tu as lus plus haut.*
  N'oublie pas, il faut être bref et précis !

- *Voici quelques indications que tu pourras utiliser :*
  – **récipient adapté au micro-ondes** ;
  – **puissance maximum** ;
  – **6 min** ;
  – **deux ou trois tours de cuillère** ;
  – **morceau de beurre.**

AU FOUR MICRO-ONDES
POUR UNE PURÉE ENCORE PLUS ONCTUEUSE.

Production de textes

2 *Voici, dans le désordre, le mode d'emploi du thé en sachets. Tu vas le récrire dans l'ordre.*
Pour t'aider, regarde bien les croquis qui, eux, respectent l'ordre.
Numérote les étapes de ce mode d'emploi de 1 à 8.

a) Retirer le thé.
b) Faire chauffer de l'eau.
c) La verser sur le sachet juste avant ébullition.
d) Ébouillanter la théière.

e) Laisser infuser environ 3 minutes.
f) Y mettre un sachet par tasse.
g) Remuer le ou les sachets de thé.
h) Servir aussitôt.

3 *Voici le mode d'emploi pour cultiver un petit jardin dans un bocal.*
Tu vas le récrire en employant, chaque fois que c'est possible, des verbes à l'infinitif.
Exemple : **Il faut du gravier → Mettre du gravier...**

Il faut du gravier au fond du bocal.

Verse du terreau « propre », pour éviter la pourriture.

Avec une pince à cornichons, place les plantes. Évite d'en mettre trop.

Choisis des plantes qui n'ont pas de grand développement. Tasse avec quelques cailloux.

Arrose, avec le « truc » de la baguette.

Tes plantes vivront en circuit fermé : elles ont juste besoin de lumière.

4 *Écris le mode d'emploi pour changer une roue d'automobile. Utilise les mots :* **cric – boulons – manivelle.**
Numérote bien l'ordre des opérations. Sois bref, mais précis.

Le nombre : singulier et pluriel (1)

CHRISTOPHE RÊVE...

1. **Un nuage**
2. **Des nuages**

• *Comment est-on passé de 1 à 2 ? Quel mot nous indique que le GN est singulier ou pluriel ?*

• *Écris au singulier les GN qui sont au pluriel dans le texte.*

• *Quelles marques du pluriel as-tu rencontrées ?*

Christophe se couche sur le dos et regarde courir les nuages : ils ont l'air de bœufs, de géants, de chapeaux, de vieilles dames, d'immenses paysages. Il cause tout bas avec eux, il s'intéresse au petit nuage que le gros va dévorer. L'enfant gigote des pieds et des mains, ses paupières clignotent, le sommeil le gagne...

D'après ROMAIN ROLLAND, *Jean-Christophe*, Ed. Albin Michel.

• Tous les GN possèdent un nombre : **singulier** ou **pluriel.**

Le déterminant nous renseigne sur ce nombre :
un *nuage* → des *nuages* — ce *bœuf* → ces *bœufs.*

• En général, **s** est la marque du pluriel à l'écrit. Mais les noms et les adjectifs terminés par **-au** et **-eu** forment généralement leur pluriel en **-x** : *des beaux chapeaux — des jeux.* Les marques du pluriel sont souvent muettes à l'oral.

---

1 *Place un déterminant différent devant chacun des GN :*

. . . vent léger — . . . gros nuages — . . . pluie fine — . . . ciel gris — . . . violents orages — . . . forte tempête — . . . arbres abattus — . . . champs inondés.

2 *Écris au pluriel les GN suivants :*

un rêve — cet enfant — le nuage — son pied — sa main — une histoire — mon ami — le chemin.

3 *Même exercice :*

une grande maison — ce petit jardin — cette belle fleur — mon meilleur ami — la jolie rivière — une agréable promenade.

4 *Écris au singulier :*

des chiens méchants — des routes accidentées — des châteaux hantés — les rues désertes — ces manteaux usés — les bons gâteaux.

5 *Écris au pluriel :*

le beau bateau — mon jeu préféré — un beau cadeau — ce feu dangereux — l'oiseau peureux — son petit lapin.

6 *Écris les phrases suivantes au singulier :*

Ces jeux dangereux sont interdits à l'école.
Les vallées abritent de charmants villages.
De beaux oiseaux nichent dans ces bouleaux.

7 *Écris les phrases suivantes au pluriel :*

La feuille tremble sous le vent.
Un feu important ravage la forêt.
Le troupeau regagne l'étable.

8 *Écris au pluriel. Fais des remarques :*

le radis — une noix — ce gaz — cette souris — le nez — un prix — ton tapis — cette croix.

Récapitulons

Vocabulaire

1 *Tu fais deux collections de mots.*
Quel sera le mot-étiquette pour chacune ?

jupe chemise bracelet bague collier manteau veste boucles d'oreilles pull pantalon

2 *Souligne la phrase qui donne le plus de renseignements. Dans l'autre, encadre le mot-étiquette :*

J'ai offert un bijou à maman.
J'ai offert une broche à maman.

Le garage sera détruit prochainement.
Le bâtiment sera détruit prochainement.

L'antiquaire a vendu un meuble du XVIIIe siècle.
L'antiquaire a vendu une commode du XVIIIe siècle.

3 *Tu complètes avec un mot en* -eau *ou en* -ette *qui veut dire « plus petit » :*

Un troupeau de . . . *(petits dindons)* a traversé la route. — Nous irons jouer sur la . . . *(petite place).* — Il vivait dans une . . . *(petite maison)* au bord de la route. — Le . . . *(petit renard)* n'osa pas se montrer.

4 *Tu réunis adjectif et nom :*

la cruauté, tranquille, la souplesse, la fidélité, la nouveauté, nouveau, cruel, la tranquillité, souple, fidèle.

5 *Tu trouves le nom formé à partir de l'adjectif :*
Le désert est immense. → . . .
Le candidat est inquiet. → . . .
L'eau est transparente. → . . .

6 *Tu trouves le nom formé à partir du verbe :*
Il voyage. → C'est un . . .
Elle chante. → C'est une . . .
Il nage. → C'est un . . .
La nuit, il veille. → C'est un . . .

7 *Écris trois homonymes aux mots suivants :*
saut : . . . . . .
vert : . . . . . .

J'écris les mots en [œr] : la *couleur*, l'*heure*, *plusieurs*

UN SKIEUR DÉBUTANT

- *Relève tous les noms en [œr] du texte.*
— *Classe-les selon leur genre.*
- *Quelle règle peux-tu en tirer ?*

Il s'élance ; il n'a pas peur. Suivant les conseils du moniteur, il glisse sans raideur sur la pente lisse. Sa vitesse augmente... Mais que se passe-t-il ? Ses skis, qu'il guidait si bien tout à l'heure, ne lui obéissent plus : ils tremblent, s'écartent, se rapprochent, cherchent à prendre une autre direction...

La bosse ! crie le moniteur. Trop tard ! Notre vaillant skieur décolle, quitte ses planches rebelles et tel un plongeur, pénètre la tête la première dans l'épaisseur poudreuse.

La plupart des noms en [œr] s'écrivent **-eur**.

Quelques exceptions à retenir : l'*heure* — *la demeure* — *le* b*eure* — *ailleurs* — *plusieurs* — *ma sœur* — *le cœur*.

---

1 *Complète les mots inachevés :*

la doul... — la douc... — le nag... — plusi... — la dem... — le c... — la fl... — l'h...

2 *Écris chaque GN avec un déterminant différent :*

... fraîcheur — ... explorateur — ... malheur — ... beurre — ... ventilateur — ... voyageurs — ... vendeurs — ... lueur.

3 *Écris les noms en [œr] formés à partir des adjectifs suivants :*
Exemple : **long → la longueur.**

large — haut — mince — épais — splendide — maigre — profond — lent — rond — pâle.

4 *À partir de ces verbes, trouve le nom en [œr] de celui qui :*

navigue — patine — pêche — se promène — court — collectionne — moissonne — cultive — conduit — conte.

5 *Un temps doux → la douceur du temps. Sur ce modèle, transforme les GN suivants :*

un bassin profond — une robe blanche — un visage pâle — une longue piste — un vent frais.

6 *Écris une phrase avec chacun des mots suivants :* **l'heure — le beurre — plusieurs.**

7 *Dictées à préparer.*

- *Dernier paragraphe du texte ci-dessus.*
- Les bêtes, petit, tu ne les vois pas toutes pendant le jour. Il y en a beaucoup qui attendent la nuit. Alors elles sortent de leurs demeures. Tant qu'il reste un reflet de soleil, une lueur, elles dorment bien cachées là-haut, au-dessus des crêtes.

HENRI BOSCO, *L'âne Culotte*, Éd. Gallimard.

Le présent et le futur du verbe *venir*

L'INVITATION

Pendant la récréation, Caroline vient vers moi et me tend une petite enveloppe.

C'est une lettre de son frère, une invitation.

« Lucie,

Samedi prochain, je fêterai mes neuf ans.

On va danser et bien rire.

Est-ce que tu viendras ?

Réponds-moi vite. »

JULIEN.

• *À quel temps est écrit le verbe venir dans la 1re phrase ?*
— *Conjugue-le aux autres personnes.*
— *Combien trouves-tu de formes orales et de formes écrites différentes ?*
• *À quel temps le même verbe est-il écrit dans l'avant-dernière phrase ?*
— *Conjugue-le aux autres personnes.*

• Le verbe *venir* est un verbe du **3e groupe**.
Il a une conjugaison irrégulière : *je* viens — *nous* venons.

• *Devenir — contenir — revenir — parvenir...* se conjuguent comme *venir*.

Présent	**Futur**
Je vien**s**	Je viend**rai**
tu vien**s**	tu viend**ras**
il, elle vien**t**	il, elle viend**ra**
nous ven**ons**	nous viend**rons**
vous ven**ez**	vous viend**rez**
ils, elles vien**nent**	ils, elles viend**ront**

---

1 *Conjugue oralement :* venir souvent *(au présent)*
— venir à pied *(au futur).*

2 *Complète avec le verbe* venir *au présent :*

Tu ... tous les jours. — Nous ... vous voir. — Ils ... avec moi. — D'où ...-tu ? — Vous ... souvent. — Je ... tout de suite.

3 *Complète avec le verbe* venir *au futur :*

Il ... mercredi. — Elles ... seules. — Quand ...- vous ? — Tu ne ... pas. — Nous ... en train. — Je ... sûrement.

4 *Récris les phrases suivantes au futur proche :* **Je viendrai → Je vais venir.**

Charlotte viendra me chercher. — Ils viendront au cinéma avec moi. — Tu viendras seul. — Nous viendrons vous voir.

5 *Récris au présent :*

Je viendrai te voir. — Julien deviendra un petit diable. — Cécile et Marc reviendront au pays. — Que deviendras-tu ? — Nous reviendrons chez toi.

6 *Récris au futur :*

Il devient très obéissant. — Elles viennent ensemble. — On vient avec vous. — D'où venez-vous ? — Que deviennent-ils ? — Il parvient au sommet.

7 *Relie quand c'est possible :*

viendrai
•

vais •   • suis allé

viendrai • je • revient

parvient •   • reviens

•
viens

•
irons

viendront •   • allons

viennent • nous • viendrons

allez venir •   • revenons

•
sommes

Le nombre : singulier et pluriel (2)

LA FUREUR DES MAMMOUTHS

• *Parmi les noms pluriels du texte, quels sont ceux qui ne suivent pas la règle générale du -s ?*
— Quel est le singulier de ces noms ?
• *Recherche 4 mots, noms ou adjectifs, qui ont cette particularité.*

La fureur avait saisi les mammouths ; ils chargeaient les fugitifs. On voyait le troupeau accourir par masses fauves.

Tout craquait sur le passage des bêtes formidables ; les animaux cachés, loups, chacals, chevreuils, cerfs, chevaux, sangliers, se levaient à travers l'horizon et fuyaient comme devant la crue d'un fleuve.

D'après J.H. ROSNY AÎNÉ, *La guerre du feu*, avec l'aimable autorisation de l'agence littéraire Lenclud.

• La plupart des mots en *-al* forment leur pluriel en *-aux.*

un anim**al** → des anim**aux**
un château roy**al** → des châteaux roy**aux.**

Mais on dit et on écrit : *des chaca**ls**, des ba**ls**, des carnava**ls**...*
• Certains noms en *-ail* forment aussi leur pluriel en *-aux.*

le trav**ail** → les trav**aux.**

• Certains noms en *-ou* forment aussi leur pluriel en *-oux.*

des bij**oux** — des caill**oux** — des ch**oux** — des gen**oux** —
des hib**oux** — des jouj**oux** — des p**oux.**

---

1 *Place un déterminant devant chaque GN :*

... animaux sauvages — ... journal télévisé — ... carnaval de Nice — ... signal rouge — ... travaux importants — ... hibou craintif.

2 *Écris au singulier :*

les journaux du pays — des choux rouges — ces traits verticaux — des clous rouillés — ses genoux blessés — les vitraux de l'église.

3 *Écris au pluriel :*

un cheval noir — mon bocal de confiture — le travail des champs — un caillou pointu — ce petit chacal — un salut amical.

4 *Écris ces phrases au singulier :*

Ces animaux sauvages étaient les maîtres de la forêt. — Les chevaux viennent boire dans ces ruisseaux. — Les hiboux nichent dans les creux des arbres.

5 *Mets les phrases suivantes au pluriel :*

Un caillou est entré dans ma chaussure.
Le tribunal juge le voleur.
Le rhinocéros est un animal préhistorique.
Le travail des champs est pénible.

6 *Écris les noms suivants au singulier. Quelles remarques peux-tu faire ?*

ces perdrix — des faux — des yeux — des toux — des bras — des tas.

Un mot peut avoir plusieurs sens

UNE ÉTAPE DIFFICILE

- *Qu'est-ce qu'un* col *dans la montagne?*
- *Qu'est-ce que le* col *du blouson ou de la chemise?*
- *Recherche ce mot dans le dictionnaire.*

Au sommet des Pyrénées, les coureurs franchissent le col du Tourmalet. Un vent glacial souffle. Les motards de la caravane relèvent le col de leur blouson de cuir. La descente vers la vallée sera dure.

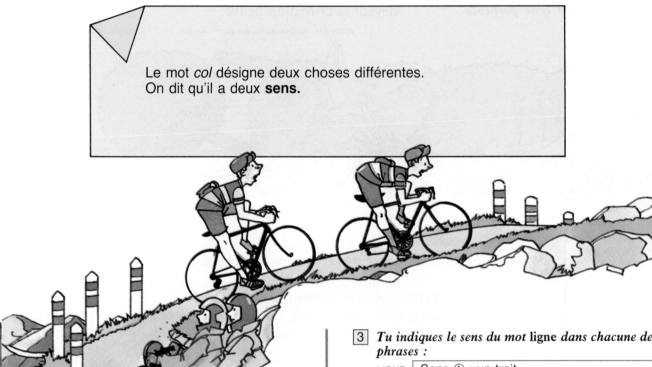

Le mot *col* désigne deux choses différentes.
On dit qu'il a deux **sens.**

1 **Le dictionnaire donne le sens des mots :**

PERDRE | Sens ① : ne plus avoir quelque chose.
Sens ② : être vaincu.

Tu indiques par ① ou ② le sens qui correspond, pour chaque phrase :

L'équipe de France a perdu ◯.
La concierge a perdu ses clefs ◯.
Perdu chien-loup, récompense ◯.
Nous avons perdu par 2 buts à 0 ◯.

2 **Tu indiques le sens du mot place *dans chacune des phrases :***

PLACE | Sens ① : espace sans construction, au milieu d'un village, dans une ville.
Sens ② : endroit pour s'asseoir.

Retenez votre place pour le match de rugby ◯.
La Mairie se trouve sur la place du village ◯. Il y a deux places libres dans le bus ◯. À Paris, la place de la Bastille est célèbre dans le monde entier ◯.

3 **Tu indiques le sens du mot ligne *dans chacune des phrases :***

LIGNE | Sens ① : un trait.
Sens ② : fil attaché au bout d'une canne à pêche.
Sens ③ : suite de mots les uns à côté des autres.

Lisez la première ligne du texte ◯. Tracez une ligne droite avec la règle ◯. Le pêcheur a cassé sa ligne ◯. La dictée d'aujourd'hui aura huit lignes ◯. Accrochez un hameçon à votre ligne ◯.

4 **Voici les deux sens d'un mot, tu trouves ce mot :**

Sens ① : Les moineaux en ont le corps couvert.
Sens ② : Pierre a cassé celle de son stylo.

.	.	.	.	.

5 **Même exercice :**

Sens ① : être imaginaire, moitié femme, moitié poisson.
Sens ② : appareil qui produit un bruit fort et prolongé annonçant un incendie.

J'écris les noms terminés par -ail, -eil, -euil ; -aille, -eille, -euille : le *travail*, l'*abeille*, la *feuille*

• *Classe en deux colonnes :*
1. les noms terminés par -ail, -eil, -euil.
2. les noms terminés par -aille, -eille, -euille.
• *Quel est le genre de chacun d'eux ?*

L'ABEILLE

Infatigable au travail, guidée par les rayons du soleil, la petite abeille butine le chèvrefeuille de la vieille muraille où court parfois l'écureuil.

Chargée de son précieux butin, elle regagne la ruche où se prépare le bon miel.

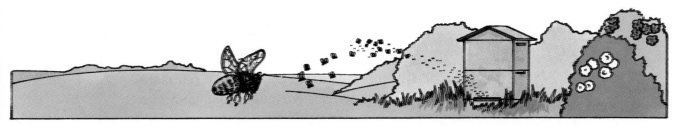

> • Les noms masculins, terminés par **-ail, -eil, -euil,** s'écrivent **-il** avec un seul *l* : *le trava*il — *le sole*il — *l'écureu*il.
>
> Exception : ceux contenant le mot *feuille.*
> le *chèvrefeuille* — le *portefeuille*...
>
> • Les noms féminins, terminés par **-aille, -eille, -euille,** s'écrivent **-ille,** avec deux *l* suivis de *e* : *la pa*ille — *l'abeille.*
>
> Retenir : *un œil.*

---

1 *Complète les mots inachevés :*

le somm... — un gouvern... — le portef... — le rév... — l'appar... — une bout...

2 *Écris un déterminant devant chaque nom :*

... groseilles — ... broussailles — ... ferraille — ... merveille — ... médailles — ... chevreuil.

3 *Complète avec le mot qui convient. Écris les phrases :*

Grand-père n'entend pas bien de l'... droite. — Chaque matin, le ... sonne à sept heures. — Assis dans son faut... Michel lit son journal. — L'... fait peur aux oiseaux.

4 *Écris les noms correspondants aux verbes suivants :*
Exemple : travailler → le travail.

sommeiller — veiller — conseiller — émailler — pailler — ensoleiller.

5 *Quel est l'intrus de cette liste ? Pourquoi ?*

le réveil — le soleil — le miel — le sommeil — l'orteil.

6 *Même exercice :*

le conseil — l'éveil — l'oreille — l'abeille — le ciel.

7 *Dictées à préparer.*

• On installait grand-mère Saturnine dans un fauteuil ; elle était à peu près guérie, mais un peu faible encore. Une fois assise, elle m'adressait quelques paroles, et de temps en temps regardait le ciel.

HENRI BOSCO, *L'enfant et la rivière*, Éd. Gallimard.

• Quand je dors, disait-il, je fais ce qu'il faut. Je ferme les yeux et je ne pense à rien. Ça me repose. Toi, quand tu dors, tu te tournes, tu parles et tu gâtes ton sommeil.

Conjugaison

L'imparfait et le passé composé du verbe *venir*

BON ANNIVERSAIRE !

• *Quel est l'infinitif du verbe de la 1ʳᵉ phrase ?*
— *À quel temps et à quelle personne est-il conjugué ?*
— *Cherche les personnes manquantes.*
• *À quel autre temps rencontres-tu ce verbe dans le texte ? Cherche les personnes manquantes.*

Mercredi dernier, mes amis sont venus à la maison pour fêter mon anniversaire. Quand vint le moment de déballer mes cadeaux, j'étais très excité.

Oncle Jean, qui venait chaque année pour cette occasion, m'avait apporté un souvenir de ses lointains voyages.

• À l'**imparfait**, le verbe *venir* a une **conjugaison régulière**.
• Au **passé composé**, il se conjugue **avec l'auxiliaire *être***.

Imparfait	Passé composé
Je ven**ais**	Je suis ven**u(e)**
tu ven**ais**	tu es ven**u(e)**
il, elle ven**ait**	il, elle est ven**u(e)**
nous ven**ions**	nous sommes ven**us(es)**
vous ven**iez**	vous êtes ven**us(es)**
ils, elles ven**aient**	ils, elles sont ven**us(es)**

---

1. *Conjugue oralement :* venir chaque jour *(à l'imparfait)*, venir par le train *(au passé composé).*

2. *Complète avec le verbe* venir *à l'imparfait :*
Nous … tous les matins. — Je … avec lui. — Elles … seules. — …-il le soir ? — Tu ne … pas souvent. — Vous … ensemble.

3. *Complète avec le verbe* venir *au passé composé :*
Ils … … mercredi. — On … … la semaine dernière. — Vous n'… pas … de bonne heure. — Elle … … à pied. — Tu … … hier. — Nous … … chaque jour.

4. *Récris les phrases à l'imparfait :*
Julien vient me voir. — Sophie et Fabien reviennent d'Espagne. — Nous devenons grands et forts. — Charlotte devient insupportable. — D'où venez-vous ? — Les alpinistes parviennent au sommet.

5. *Récris les phrases au passé composé :*
On vient chaque année. — Nous revenons dans ce village. — Vous devenez célèbre. — Lucie vient souvent ici. — Viens-tu seul ? — Les chevaux reviennent à l'écurie.

6. *Écris au temps demandé :*
Je venais à bicyclette *(présent).* — Vous êtes venus dimanche *(futur).* — Nous reviendrons avec vous *(imparfait).* — Tu viens tout seul *(passé composé).* — Ils deviennent sages *(futur).* — Elles devenaient méchantes *(passé composé).*

7. *Relie quand c'est possible :*

viendras
venais •   • vient
auras •   tu   • as été
viens •   • es venu
a fini

98

Bilan 2

Chaque fois que tu as réussi l'exercice, tu marques le nombre de points indiqué sur le domino. Tu fais le total de tes points à la fin.
Si tu ne réussis que la moitié de l'exercice, tu ne marques que la moitié des points !

Grammaire

1 *Vrai ou faux ?*

Le verbe s'accorde *toujours* avec le sujet.
Le sujet peut être *un nom propre*.
Le sujet est *toujours* placé *avant* le nom.

2 *Accorde les verbes au présent :*

Les enfants *(se baigner)* dans le torrent. — Julien et Sophie *(nager)* bien. — Martin *(plonger)* du haut d'un rocher. — Dans ce trou *(se cacher)* des truites. — Le chant des oiseaux *(emplir)* la forêt.

3 *Trouve un GN sujet pour chaque GV :*

. . . obéissent à leurs parents. — . . . accompagne sa sœur à l'école. — L'hiver est là, . . . ne chantent plus. — . . ., . . ., . . . habitent dans le même immeuble.

4 *Trouve un nom propre pour accompagner chaque nom commun :*

une ville : . . .   un peintre : . . .
une montagne : . . .   un musicien : . . .
un pays : . . .   un poète : . . .
un héros de B.D. : . . . un savant : . . .

5 *Écris deux adjectifs pour agrandir chaque GN.*
Exemple : **un cheval → un grand cheval noir.**

une robe — une rose — un gâteau — des cheveux.

6 *Trouve un complément du nom :*

Le gardien du . . .   Les commerçants du . . .
Le gâteau au . . .   L'avion à . . .
La place de . . .   Le rendez-vous des . . .

7 *Écris au féminin singulier :*

un petit garçon courageux — un bon acteur — un écolier actif — un fin cheval — l'oncle de François — un homme sévère.

8 *Écris au pluriel :*

un vent violent — un repas copieux — le beau bateau — un cheveu frisé — une noix fraîche — le jeu dangereux.

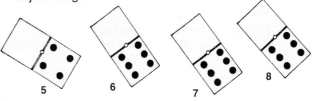

Orthographe

9 *Traduis la phonétique :*

la [plaʒ] — le [gidɔ̃] — la [gar] — nous [plɔ̃ʒɔ̃] — nous [partaʒɔ̃].

10 *Mets la terminaison qui convient : -er ou -é :*

Quand j'aurai termin. . . ce travail, nous irons nous promen. . . en forêt. — Pour trouv. . . notre chemin, nous avons regard. . . la carte. — Le train vient d'arriv. . . ; les voyageurs ont gagn. . . la sortie.

11 *Complète à l'aide de :* **se, ce, ses** *ou* **ces** *:*

. . . cheval n'est pas docile, il ne . . . laisse pas conduire facilement. — Le chien . . . fâche ; il montre . . . crocs. — Regardez . . . oiseaux, ils vont . . . poser sur . . . chêne.

12 *Complète par* **leur** *ou* **leurs** *:*

Je . . . demande de ranger . . . livres et . . . cahiers dans . . . cartable.

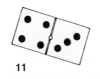

13 ***Traduis la phonétique :***

Une [bij] — un [krɛjɔ̃] — le [panje] — le [solɛj] — l'[abɛj].

14 ***Les mots à trouver se terminent par*** [war].

Un fruit délicieux : la ... — Pour se raser : le ... — Pour se balancer : la ... — Pour observer : l' ... — Pour se regarder : le ...

13

14

15 ***Termine les mots par*** [e], [te] ***ou*** [tje].

la journ... — la dic... — la légère... — une bouch... — la san... — une araign... — la clar... — une pelle...

16 ***Termine les mots par*** [œr].

la haut... — l'explorat... — le c... — la fl... — du b... — l'h... — plusi... — ma s...

15

16

Conjugaison

17 ***Écris au passé composé :***

J'ai un cartable neuf. — Je suis content. — Nous avons de la chance. — On est en retard. — Ils ont peur. — Vous êtes les premiers.

18 ***Même exercice :***

Je choisis un bon livre. — Le train arrive à l'heure. — Nous allons au théâtre. — Le chien obéit à son maître. — Les enfants entrent en classe. — Tu termines ton livre.

19 ***Vrai ou faux ?***

L'imparfait est un temps *passé*.
À l'imparfait *tous les verbes* ont les mêmes terminaisons.

17

18

19

20 ***Écris à l'imparfait :***

L'orage arrive. Les nuages grossissent et noircissent le ciel. Des rafales de vent courbent les grands peupliers. Les oiseaux sont à l'abri dans leurs nids. Nous rentrons rapidement. Au loin, déjà, le tonnerre gronde. Nous avons un peu peur.

21 ***Complète à l'imparfait :***

Nous all... — Tu écout... — On finiss... — Elles all... — Je racont... — Vous av... — Nous ét... — Ils trembl...

22 ***Écris le verbe*** venir ***au présent et au futur, aux personnes demandées.***
Exemple : je → je viens — je viendrai.

tu — vous — ils — on — nous.

20

21

22

Mots croisés

1. Contraire de *petit*.
2. Contraire de *triste*.
3. Verbe du 2e groupe, contraire de *désobéir*.
4. Déterminant - Petit mot pour former la phrase négative.
5. 3e pers. du sing. du présent du verbe *suer*.

a. Contraire de *maigre*.
b. Contraire de *haut*.
c. Contraire de *jeune*.
d. Contraire de *géante*.
e. Verbe du 3e groupe signifiant « parler ».

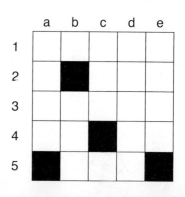

Production de textes

23 *À partir de la description de la « cronouille » et du « grecodile », essaie de reconstituer la description de la grenouille et du crocodile.*

La cronouille

Elle a l'air prête à bondir. Ses gros yeux ronds regardent vers le ciel. Ses pattes palmées lui permettent de nager facilement. Ses cuisses musclées lui permettent de sauter. Sa gueule est pleine de crocs pointus. On dirait que son dos est tressé, comme le sac qu'on fera avec sa peau. On dirait même toujours qu'il a envie de pleurer.

Le grecodile

Il n'a pourtant pas l'air bien méchant. Mais il peut vous assommer avec sa queue. Ses griffes pointues lui servent à tenir sa proie. Ses gros yeux ronds ont l'air de vouloir lui sortir de la tête. Les coins de sa bouche retombent et lui donnent un air dégoûté.

D'après PIERRE LEON, *Gropotame… et 250 drôles d'animaux croisés*, Éd. Nathan.

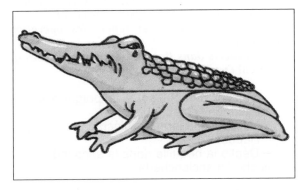

24 *Décris ce perroquet : allure générale, caractéristiques particulières, ce que tu peux imaginer de son caractère. Tu peux aussi le faire parler.*

25 *Lis ce poème.*

Mon chat

Quelquefois mon Minet, espiègle et tracassier[1],
Après avoir bourré Médor de coups de griffe,
Boude, si par hasard ce dernier se rebiffe[2],
Et son œil d'un vert pâle a des reflets d'acier.

Mais, retrouvant bientôt son instinct carnassier[3],
Il miaule, s'étire un moment, s'ébouriffe,
Lèche complaisamment son poil soyeux, s'attife[4]
Et se met à l'affût, assis sur son fessier.

ARSÈNE VERMENOUSE, *Mon Auvergne*, D.-R.

1 - qui aime taquiner.
2 - se fâche et attaque à son tour.
3 - qui aime la chair, le gibier.
4 - se prépare pour être beau.

● *Trace trois colonnes.*
Dans la première, écris ce qui indique l'allure générale du chat.
Dans la deuxième écris ses caractéristiques particulières.
Dans la troisième, écris ce qui indique son comportement et son caractère.

● *Imagine qu'une souris apparaît.*
Décris l'allure et les réactions du chat.

● *Décris la souris surprise par le chat.*

23

24

25

26 *Ta grand-mère t'explique la façon dont elle se sert d'une pâte brisée toute prête, pour faire sa tarte.*
À partir de ce qu'elle te dit et des dessins, récris un mode d'emploi de cette pâte.
Sois précis et bref. Numérote bien les opérations dans l'ordre.

Par exemple : **Il faut d'abord que tu préchauffes le four à 250° pendant 15 minutes.**
→ **1. Préchauffer le four 15 min à 250°.**

« Il faut d'abord que tu préchauffes le four à 250° pendant 15 minutes. Tu déroules la pâte avec sa feuille de cuisson. Tu coupes ce qui est en trop. Tu mets la pâte avec la feuille de cuisson en dessous, dans le moule rond. Tu presses bien la pâte contre les bords et tu replies et coupes ce qui dépasse. N'oublie surtout pas de piquer le fond de la pâte avec une fourchette. Tu garnis avec des fruits. Enfin, tu poses le moule au milieu du four et tu laisses cuire 30 à 40 minutes à 220°.

27 *Tu as reçu un catalogue de jeux électroniques. Tu peux obtenir une version de démonstration à l'aide d'un bulletin à remplir.*
Voici quatre vignettes qui illustrent ce bulletin. Les instructions ont disparu. Récris chacune d'elle.

 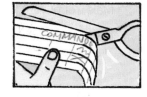

1   2

3   4

28 *Écris le mode d'emploi pour prendre une photo avec cet appareil. Sois précis. Il y a peu d'opérations à effectuer mais il ne faut pas les exécuter dans n'importe quel ordre.*

29 *Imagine que tu dois installer un écran d'ordinateur. Tu veux incliner l'écran pour mieux voir.*
Regarde le schéma et repère les opérations à effectuer.
Puis récris dans l'ordre les quatre phrases qui te disent comment faire.

– Glisse la main sous la poignée et relève l'arrière de l'écran.
– Repousse légèrement l'écran vers l'arrière.
– Repose l'écran.
– Déplie la béquille dans le sens indiqué par la flèche, et enclenche-la.

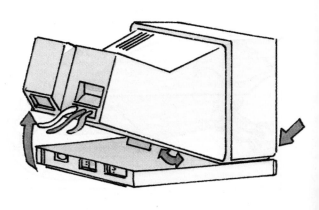

26   27   28   29

3e partie
(unités 22 à 30)

Grammaire **Les pronoms**
Les compléments du verbe

Vocabulaire **Les sens du mot**

Orthographe **Écrire les terminaisons difficiles**

Conjugaison **Verbes irréguliers :** *faire, voir, prendre*

Production de textes **Le conte (1)**
Le conte (2)

Expression écrite **Dire l'endroit . Formuler un souhait . Enchaîner . Reprendre sans répéter . Préciser . Dire et situer le moment . Utiliser le mot juste . Jeu poétique . Reconstitution de texte**

Sommaire de la 3ᵉ partie

Unité	Grammaire	Vocabulaire	Orthographe	Conjugaison
22	L'accord en genre et en nombre dans le GN	Comprendre le sens d'un mot d'après le contexte (1)	Participe passé en [e] ou imparfait en [ɛ] ?	Le présent et le futur du verbe *faire*
23	Les remplaçants du GN sujet : les pronoms *il, ils, elle, elles*	Comprendre le sens d'un mot d'après le contexte (2)	Je retrouve la lettre finale muette : *un pas, le camp, le plat*	L'imparfait et le passé composé du verbe *faire*
	Expression écrite :	Dire l'endroit ; formuler un souhait ; enchaîner ; reprendre sans répéter ; préciser ; dire le moment ; utiliser le mot juste ; situer le moment ; jeu poétique ; reconstitution de texte.		
24	Les autres pronoms sujets (1) : *je, tu, nous, vous, on*	Récapitulons	J'écris les noms féminins en [i] : *la vie, la souris, la nuit*	Le présent et le futur du verbe *voir*
25	Les autres pronoms sujets (2) : *moi (je), toi (tu), nous, vous*	Des mots de sens voisin : les synonymes	J'écris les noms féminins en [y] : *la rue, la tribu*	L'imparfait et le passé composé du verbe *voir*
	Production de textes :	Le conte (1).		
26	Les constituants du GV : le verbe et son complément	Des mots et expressions familiers	J'écris les verbes en *-cer, -ger, -yer*	Le présent et le futur du verbe *prendre*
27	Le GN complément essentiel du verbe (ou GN2)	Des noms composés (1)	J'écris les mots terminés par [mɑ̃] : *le ronflement, lentement*	L'imparfait et le passé composé du verbe *prendre*
28	Les remplaçants du GN complément : les pronoms *le, la, l', les*	Des noms composés (2)	Rappel de l'accord du verbe	Conjuguer le verbe à l'impératif (1)
29	Compléments du verbe déplaçables et supprimables	Récapitulons	La lettre *x*, prononcée [ks] ou [gz] : *le taxi, l'examen*	Conjuguer le verbe à l'impératif (2) : *aller, venir, faire, voir, prendre*
	Production de textes :	Le conte (2).		
30	**Bilan 3 :**	grammaire ; vocabulaire ; orthographe ; conjugaison ; production de textes.		

Récapitulons : les types de phrases ; l'accord du verbe ; les constituants du GV ; le genre et le nombre ; les terminaisons des verbes ; les compléments.

L'accord en genre et en nombre dans le GN

UN VIEUX CHIEN

C'était un chien de taille moyenne, blanc et feu, avec une queue fine. Son museau, légèrement aplati, était encadré par deux longues, très longues oreilles brunes. Il avait le poil ras et les flancs maigres. En découvrant le chiot, ses babines se retroussèrent et se plissèrent comme s'il riait, découvrant des crocs jaunes et usés. C'était un vieux chien, à l'air fatigué et mal nourri.

RENÉ ESCUDIÉ, *Grand loup sauvage*, Éd. Nathan (Coll. Arc-en-poche).

1. **Un museau aplati**
2. **Des flancs maigres**
3. **Une queue fine**
4. **Des crocs usés**

● *Indique le genre et le nombre du nom de chacun de ces GN. Explique les accords.*
— *Dans 1 remplace* museau *par* tête.
— *Dans 3 remplace* queue *par* oreilles.
— *Dans 4 remplace* crocs *par* griffes.

● *Récris ces GN.*

Les constituants du GN (déterminant, adjectif) s'accordent avec le nom :
en genre : masculin ou féminin
en nombre : singulier ou pluriel.
Un museau aplati — deux longues oreilles.
(GN masc. sing.)   (GN fém. plur.)

---

1 *Indique le genre et le nombre (masc. sing. — masc. plur. — fém. sing. — fém. plur.) de chaque GN.*

un crayon neuf — des jeux dangereux — cette grande table — mes petites amies — ces jeunes chiens — notre beau pays.

2 *Écris un déterminant différent devant chaque GN.*

. . . farce réussie —   piqûres douloureuses —   enfant taquin —   jeux amusants — mère inquiète —   fessée méritée.

3 *Même exercice. Sois bien attentif !*

. . . souris grise — . . . voix graves — . . . dos courbés — . . . noix sèche — . . . vieux habits — . . . repas léger.

4 *Indique le genre et le nombre des GN suivants :*

de nouvelles émissions — un temps pluvieux — son équipe préférée — cette haie fleurie — ce terrain plat — ton histoire drôle.

5 *Transforme les GN en tenant compte des indications données :*

un garçon poli *(fém. sing.)* — un homme élégant *(fém. plur.)* — ces chevaux sauvages *(masc. sing.)* — le skieur débutant *(fém. plur.)*.

6 *Même exercice :*

de nouveaux jeux *(masc. sing.)* — de belles poules *(masc. sing.)* — un gaz dangereux *(masc. plur.)* — ton chat blanc *(fém. plur.)*.

Comprendre le sens d'un mot
d'après le contexte (1)

● *Observe :* le sable *fin,*
la *fin* du jour

Sur le sable fin de la plage, les baigneurs profitent des derniers rayons du soleil. C'est la fin du jour ; dans un instant il faudra rentrer car la nuit arrive vite.

● Le sens d'un mot varie selon le contexte, c'est-à-dire l'ensemble des mots avec lesquels il se trouve employé :
Le médecin a conseillé l'opération.
L'opération de Nicolas est fausse.

Recopie chaque extrait et indique, d'après le contexte, le sens de chacun des mots écrits en italique (sens 1, 2 ou 3).

1

Pour aller au mariage de sa grande sœur, Vincent a mis son habit *neuf.* Tout le monde le regarde.

NEUF

1. Qui vient d'être fabriqué et qui n'a pas été encore utilisé.
2. Nombre : Anna a neuf ans.

2

Monsieur Durand a eu un accident de la route. Il a dû subir une *opération* au genou. Maintenant sa santé est bonne.

OPÉRATION

1. L'addition, la soustraction, la multiplication, la division sont les quatre opérations.
2. Le chirurgien en a fait une à l'hôpital : il a enlevé l'appendice à un petit malade.

3

Dans le bois de châtaigniers la *mousse* fait un tapis vert. Il fait bon s'y asseoir ou s'y étendre à l'ombre, lorsqu'il fait bien chaud.

MOUSSE

1. Apprenti marin.
2. Petite plante formant une plaque au sol, sur les murs ou troncs d'arbres.
3. Écume, bulles qui se forment à la surface des liquides.

4

La rivière coule au fond d'une *gorge* étroite et profonde. D'en haut, les canots paraissent bien petits.

GORGE

1. Passage entre deux montagnes.
2. Partie intérieure du cou au fond de la bouche.

5

J'ai reçu une *lettre* de mon camarade. Il me dit qu'il s'ennuie dans sa nouvelle école.

LETTRE

1. Il y en a 26 dans notre alphabet : *a, b, c... z.*
2. Écrit envoyé à quelqu'un, sous enveloppe, par la poste.

Participe passé en [e]
ou imparfait en [ɛ] ?

- *Quel est le participe passé contenu dans la 2ᵉ phrase?*
- *À quel groupe, GN ou GV, appartient-il?*
- *Avec quel mot s'accorde-t-il?*
- *Peux-tu le remplacer:*
— *par un autre participe passé?*
— *par un adjectif?*
- *Peux-tu le supprimer?*

APRÈS L'ORAGE

Nos espadrilles gonflées d'eau gargouillaient à chaque pas. Mes cheveux trempés glaçaient mon front. Mon blouson et ma chemise collaient à la peau.

MARCEL PAGNOL, *Le château de ma mère*, Éd. Pastorelly.

- Le **participe passé** employé sans auxiliaire s'accorde comme un adjectif avec le nom qu'il accompagne :
mes cheveux trempés.
Il peut être remplacé par un autre participe passé ou un adjectif : *mes cheveux* mouillés — *mes cheveux* humides.
Souvent, il peut être supprimé.
- Le verbe à l'imparfait ne peut jamais être supprimé.

1 *Fais deux groupes :*
1. *participes passés.*
2. *verbes à l'imparfait.*

les fleurs fanées — les pommes tombaient — le sentier grimpait — la tempête éclatait — les animaux effrayés — les pommes tombées.

2 *Supprime le participe passé quand c'est possible. Récris la phrase.*

Les fruits tombés sont véreux. — La clé rouillée ne peut plus servir. — Vous êtes fâchés ? — Les chiens attachés sont méchants. — Les enfants groupés chantaient bien.

3 *Complète avec le participe passé ou le verbe à l'imparfait. (Attention aux accords!)*

Le feu ronfl... dans la cheminée.
Dans les champs inond... on ne passait plus.
De gros nuages assombriss... le ciel.
Les animaux effray... se pressaient contre les haies.

4 *Même exercice :*

Les fleurs arros... redressaient la tête. — Les foins coup... sentent bon. — Les paysans labour-r... leurs terres. — Les renards chass... disparaissent de la forêt. — Les renards chass... la nuit.

5 *Complète avec -er, -é ou la terminaison de l'imparfait :*

L'oiseau bless... tombe dans le bois.
La rivière débord... dans le pré.
La pluie commence à tomb....
Ses devoirs termin..., Julien va jou....
Les deux joueurs termin... la partie.

6 *Dictées à préparer.*

- La forêt s'animait. J'entendais un sourd piétinement. Plus haut que moi, des branches froissées par de mystérieux passages, parfois éclataient net.

HENRI BOSCO, *L'âne Culotte*, Éd. Gallimard.

- On entendait craquer doucement, sous la chaleur de l'été, la charpente du toit ; et, du foyer éteint, arrivait par moments une odeur triste de bois brûlé et de cendre.

HENRI BOSCO, *L'âne Culotte,* Éd. Gallimard.

Le présent et le futur du verbe *faire*

LE BLAIREAU

Pour faire ma barbe
Je veux un blaireau
Graine de rhubarbe,
Graine de poireau.

Par mes poils de barbe !
S'écrie le blaireau
Graine de rhubarbe,
Graine de poireau.

Tu feras ta barbe
Avec un poireau,
Graine de rhubarbe,
T'auras pas ma peau !

ROBERT DESNOS, *Chantefables et Chantefleurs*, Éd. Gründ.

> Le verbe *faire* est un verbe du **3ᵉ groupe**.
> Il a une conjugaison irrégulière : *je **fais** — je **ferai***.
> *Défaire, refaire, satisfaire...* se conjuguent comme *faire*.
>
> | **Présent** | | **Futur** | |
> |---|---|---|---|
> | Je fai**s** | Nous fais**ons** | Je fer**ai** | Nous fer**ons** |
> | tu fai**s** | vous fai**tes** | tu fer**as** | vous fer**ez** |
> | il, elle fai**t** | ils, elles **font** | il, elle fer**a** | ils, elles fer**ont** |

---

1 *Conjugue oralement :*
faire une promenade *(au présent)*,
faire du vélo *(au futur).*

2 *Complète avec le verbe* **faire** *au présent :*
Je . . . un dessin. — Ils . . . du bruit. — Nous . . .
le ménage. — Que . . .-tu ? — Vous . . . la
vaisselle. — On . . . les courses.

3 *Complète avec le verbe* **faire** *au futur.*
Tu . . . attention. — On . . . le tour du lac. — Vous
. . . vos devoirs. — Que . . .-nous ? — Elles . . . la
sieste. — Je . . . du bateau.

4 *Récris les phrases au présent :*
Nous allons faire du ski dans les Alpes. — On fera
de belles descentes. — Tu feras de gros progrès.
— Sophie et Agnès feront de la luge. — Je ferai
du ski de fond.

5 *Récris les phrases au futur :*
Nous faisons la course. — Les alpinistes font une
longue ascension. — Je ne fais pas de planche à
voile. — Fais-tu de la gymnastique ? — Pierre
refait son devoir.

6 *Écris un verbe plus précis.*
Exemple : **faire un dessin → dessiner.**
faire de la peinture — faire de la cuisine — faire
le lavage — faire un rêve.

7 *Relie quand c'est possible.*

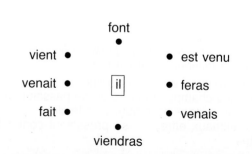

Les remplaçants du GN sujet : les pronoms *il, ils, elle, elles*

PERDU !

Lis le texte.
- **Ils emportaient la vieille barque.**
Quel GN sujet est remplacé par ils ?
- **Elle craquait.**
Quel GN sujet est remplacé par elle ?
- *À quoi servent ces pronoms ?*
- *Trouve d'autres exemples dans le texte.*

Les flots se brisaient en bouillonnant. Ils emportaient de plus en plus rapidement la vieille barque. Elle craquait. L'eau montait par les fissures. De vastes tourbillons me prenaient par le travers et la barque tournait sur elle-même. Quand elle offrait le flanc au choc de l'eau, elle roulait dangereusement. J'allais droit au récif. Il s'avançait vers moi, terrible. Je fermai les yeux.

D'après HENRI BOSCO, *L'enfant et la rivière*, Éd. Gallimard.

> - Les pronoms *il, elle, ils, elles,* remplacent les GN sujets. Ils en évitent ainsi la répétition.
> L'enfant *avait peur.* Il *tremblait.*

1 *À côté de chaque phrase, écris le pronom qui peut remplacer le GN sujet.*

Les tourbillons sont nombreux. (...) — La coque racle le fond. (...) — Le courant est de plus en plus rapide. (...) — Les eaux bouillonnent. (...) — Le barrage approche. (...) — La barque fonce sur un rocher. (...)

2 *Évite les répétitions en utilisant les pronoms sujets.*

Ce bateau est puissant. Ce bateau peut remonter le courant.
La péniche est chargée. La péniche va quitter le quai.
Les vagues éclatent sur la plage. Les vagues font une barre d'écume.

3 *Termine les phrases à l'aide de pronoms sujets :*

Médor ne sort pas car ... n'aime pas la pluie. — Les enfants sont heureux ; ... partent en vacan-ces ce soir. — Je ne trouve plus ma montre ; ... était pourtant là ! — Quand nos amis sont arrivés, ... étaient bien fatigués. — Les hirondelles sont parties, mais au printemps ... reviendront.

4 *Remplace les pronoms par des GN.*

Elle tombe en flocons serrés. — Il rentre ses moutons. — Elles scintillent dans le ciel. — Il apprend ses leçons. — Ils éteignent l'incendie.

ÉCRIRE

5 *Relis le texte « Perdu ! ». En quelques phrases, termine cette histoire.*

6 *Écris l'histoire que raconte cette B.D.*

Lucky Luke,
« Western Circus »,
Morris et Goscinny,
© Dargaud Éditeur,
Paris, 1970.

Comprendre le sens d'un mot d'après le contexte (2)

1. Le pic d'Aneto se trouve dans les Pyrénées espagnoles. Il atteint 3 404 m d'altitude.

2. Avec son pic, le mineur détache des blocs de charbon.

3. Dans la forêt, le pic frappe le tronc des arbres de son bec pointu.

1 *Dans le texte 1, un pic, c'est :*

un sommet pointu, un arbre *ou* une carte à jouer ? *(Tu copies la bonne réponse.)*

2 *Dans le texte 2, un pic, c'est :*

une blessure, un animal *ou* un outil pointu ? *(Tu copies la bonne réponse.)*

3 *Dans le texte 3, un pic, c'est :*

une piqûre, un morceau de bois pointu *ou* un oiseau ?
(Tu copies la bonne réponse.)
Tu écris les trois sens du mot pic.

4 *Tu choisis le sens convenable du mot* pic *dans chacune des phrases :*

Le Pic du Midi se trouve dans les Pyrénées ◯. On entend les coups de bec du pic sur le tronc du noyer ◯. Cette montagne si pointue s'appelle Pic St-Loup ◯. Le maçon utilise un pic en acier ◯. Le pic se nourrit d'insectes et de vers ◯.

5 *Tu trouves le mot qui a ces deux sens :*

J'utilise ma . . . pour tracer un trait. — Tout joueur doit respecter la . . . du jeu.

6 *Tu trouves le mot qui a ces deux sens :*

Il n'y a plus de lumière, l'. . . est grillée. — Le soulier me blesse, j'ai une . . . au talon.

7 *Tu trouves le mot qui a ces quatre sens :*

André a un . . . sur le nez. — La rose est encore en . . . . — J'ai perdu un . . . de ma veste. — Appuyez sur le . . . de la sonnette.

8 *Même exercice.*

Ce village . . . 500 habitants. — À six ans Thomas . . . déjà bien. — Ne perds pas de temps, chaque minute . . . . — Pour m'aider je . . . sur toi.

9 *Même exercice.*

Le parc du château est entouré d'une . . . . — Cette . . . de mots croisés est difficile. — Il faudra nettoyer la . . . du four. — Dans la poêle, la viande . . . .

ÉCRIRE

10 *Récris chaque phrase en changeant le contexte.*
Exemple : La pièce qu'il *possédait* était très *ancienne*.
→ La pièce qu'il *découvrait* était *lumineuse*.

L'air qu'il respirait était frais et doux.
Le chirurgien est satisfait : son opération a réussi.
Le gardien repeint la grille du château.

Je retrouve la lettre finale muette : *un pa*s, *le camp*, *le pla*t

LE REQUIN-BALEINE

- *Observe* : petit, gros, long.
Que peux-tu dire de la lettre finale de chacun de ces mots ?
- *Mets-les au féminin.*
Entends-tu maintenant cette lettre finale ?
- *Trouve d'autres exemples dans le texte.*
- *Cherche un mot de la famille de* **bord** *qui permette d'entendre la lettre finale* [d].

Je prenais un petit bain rafraîchissant à l'avant du radeau quand j'aperçus soudain un gros poisson brun d'environ deux mètres de long, qui avançait vers moi dans l'eau cristalline. Je sautai vivement sur le bord du radeau, et, assis au soleil, je regardai ce poisson passer tranquillement, mais un cri sauvage de Knut me fit tressaillir. Il beuglait : « Un requin ! Un requin ! »

D'après THOR HEYERDAHL, *L'expédition du Kon-Tiki*, traduit du norvégien par Marguerite Gay et Gerd de Mautort, Éd. Phébus, Paris, 1994.

Pour trouver la lettre finale d'un mot, on met ce mot au **féminin,** ou on cherche un mot de la **même famille.**
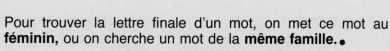
le galop → galo**per**, galo**pade**
grand → gran**de**, gran**dir**

---

1 *Écris un nom masculin à partir des mots suivants.*
un Allemand — Françoise — une tapisserie — la présidente — la gagnante — une rizière.

2 *Écris le masculin de ces adjectifs :*
lente — laide — grasse — méchante — plate — déserte — violente — basse.

3 *Écris le nom correspondant à chacun des verbes :*
Exemple : **chanter** → **le chant.**
sauter — camper — parfumer — reposer — raboter — bondir — partager — tricoter — réciter.

4 *Écris en entier le mot incomplet. Attention aux marques du pluriel.*
Le sabotier fabrique des s... — La pince, le marteau, le tournevis sont des outi... — Cet hiver, il a fait très froi... — À la loterie, Julien a gagné le gro... lo... — Il ne faut pas confondre le chan... que l'on chante avec le cham... qu'on cultive.

5 *Même exercice :*
Le soldat marche au pa... — Le bateau rentre au por... — On est bien couché dans ce li... — Il n'entend rien ; il est sour... — Ton maître a un regar... sévère. — Chaque matin, je prends un chocola....

6 *Plus difficile ! Aide-toi de ton dictionnaire.*
Le « France » était un grand paquebo...
Ce chien a des cro... redoutables.
Nous sommes assis sur un ban... de bois.
En sciences, nous étudions le cor... humain.
Pierre ! Ne mets pas tes doi... dans ta bouche.

7 *Un test. Écris la dernière lettre de ces mots invariables :*
tro... — dehor... — avan... — quan... — aprè... — maintenan... — souven... — parfoi... — toujour... — jamai...

8 *Dictée à préparer.*
Quand on me trouva mangeant tranquillement l'herbe dans la prairie, et quand mon maître apprit que j'étais revenu peu de temps après son départ, je vis qu'on soupçonnait quelque tour de ma façon.

COMTESSE DE SÉGUR, *Les Mémoires d'un âne.*

Conjugaison

L'imparfait et le passé composé du verbe *faire*

UNE PIQÛRE MALVENUE!

- *Quel est l'infinitif du verbe de la 1ʳᵉ phrase?*
— *À quel groupe appartient-il?*
— *À quel temps est-il écrit?*
— *Conjugue-le aux autres personnes.*
- *À quel autre temps est écrit ce même verbe dans le texte?*
— *Conjugue-le aux autres personnes.*

Frédéric nous a fait un signe. Aussitôt, nous nous sommes aplatis dans les fourrés...

Nous ne faisions aucun bruit, nous retenions notre respiration. Là-bas, au détour du sentier, le cerf venait d'apparaître. Lentement, majestueux, il se dirigeait vers nous, quand soudain, Lucie, piquée sans doute par un insecte, poussa un cri aigu...

En deux bonds, l'animal avait disparu.

Imparfait		Passé composé		
Je	fais**ais** [fəzɛ]	J'	ai	fait
tu	fais**ais**	tu	as	fait
il, elle	fais**ait**	il, elle	a	fait
nous	fais**ions**	nous	avons	fait
vous	fais**iez**	vous	avez	fait
ils, elles	fais**aient**	ils, elles	ont	fait

1. *Conjugue oralement :*
   faire des photos *(à l'imparfait),* faire des crêpes *(au passé composé).*

2. *Complète avec le verbe* faire *à l'imparfait :*
   Je ... du bruit. — Elle ... du vélo. — Que ...-il? — Vous ... du sport. — Ils ... la course.

3. *Complète avec le verbe* faire *au passé composé :*
   Elle ... du théâtre. — Nous ... une promenade. — Ils ... un grand voyage. — Vous ... du camping. — Qu'est-ce que tu ... ? J'... des progrès.

4. *Récris les phrases aux temps demandés :*
   Nous faisons un tour de piste *(passé composé).* — Michel fait un tour de magie *(futur).* — Les enfants feront un pique-nique en forêt *(présent).* — Que faites-vous ici *(imparfait)*?

5. *Indique le temps de chaque phrase :*
   Il a fait le tour du monde. (...) — Pourquoi ne faites-vous pas comme moi ? (...) — Les hirondelles feront leurs nids dans la grange. (...) — Ils font beaucoup d'efforts. (...)

6. *Relie quand c'est possible :*

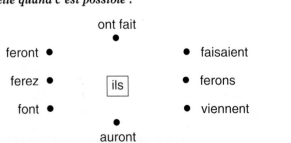
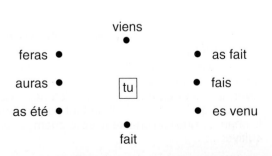

Dire l'endroit

1 Au milieu de la place, la fontaine parlait toute seule.
L'oncle Jules, dans un fauteuil près de la porte vitrée, lisait son journal. Ma mère cousait près de la fenêtre.

MARCEL PAGNOL, *La gloire de mon père*, Éd. Pastorelly.

Trouve les mots ou expressions qui indiquent l'endroit. (Où ?)

2 *Complète les phrases avec des groupes de mots qui indiquent l'endroit (Où ?)*
Les voitures et les bus circulent . . . — Tu trouveras, . . . un bon restaurant. — . . . , les pies ont bâti leur nid. — La voiture est arrêtée . . . .

Formuler un souhait

3 *Écris des phrases pour formuler un souhait en commençant par « Ah ! Si je pouvais… »*
Exemple : devenir invisible → Ah ! Si je pouvais devenir invisible !

marcher sur l'eau
nager sous la mer
voler au-dessus des nuages
courir pendant toute une journée sans arrêter
écrire sans jamais faire de fautes d'orthographe

Formule d'autres souhaits si tu veux.

4 *Écris des phrases pour formuler un souhait en commençant par « J'aimerais tant… »*
Exemple : gagner à la loterie → J'aimerais tant gagner à la loterie.

connaître les formules magiques
être capable de changer les gens en animaux
pouvoir disparaître aux yeux de tout le monde
savoir changer des pierres en diamants
connaître le secret du bonheur

Formule d'autres souhaits si tu veux.

Enchaîner

5 *Complète ce petit texte avec les mots ou expressions proposées :*
enfin - d'abord - ensuite - tout à coup.

Nous sommes allés au cirque. . . . , nous avons vu des chiens savants. . . . , des trapézistes ont fait leur numéro. . . . , l'un d'eux a manqué le trapèze et est tombé dans le filet. . . . , les clowns nous ont fait rire et oublier notre peur.

Reprendre sans répéter

6 *Récris ce petit texte en utilisant des pronoms pour supprimer les répétitions.*
Damien est allé à la plage avec Catherine. Damien n'a pas voulu se baigner. Catherine est restée longtemps dans l'eau. Catherine a nagé jusqu'au plongeoir. Enfin, Damien et Catherine sont rentrés dès que le soleil a commencé à décliner. Puis Damien et Catherine sont allés acheter une glace.

Récris ce petit texte en utilisant : les deux premières, les deux dernières, la première et la dernière.
Sarah, Romane et Vanessa sont allées à la fête foraine. Sarah et Vanessa ont fait un tour dans la grande roue. Romane et Vanessa ont choisi les autotamponneuses. Sarah et Romane sont montées sur les chevaux de bois.

Jeu poétique

7 **La linotte**
Je suis idiote
dit la linotte.
J'ai oublié mes bottes
ma redingote
et ma culotte.
. . . .

PAUL SAVATIER.

Sur le même modèle, écris un autre texte en parlant de l'alouette.

Reconstitution de texte

8 **Sur l'île**
Tout à coup, au milieu de l'île, entre le feuillage des arbres, s'éleva un fil de fumée, pur, bleu. L'île était habitée. Mon cœur battit. J'observai avec attention le rivage opposé mais vainement. Personne n'apparut.

HENRI BOSCO, *L'enfant et la rivière*,
Éd. Gallimard.

Expression écrite

Préciser

1 *Remplace le verbe* être *par l'un des verbes plus précis suivants :* vivre, marcher, circuler, nager.

La voiture est sur la chaussée.
Le piéton est sur le trottoir.
La truite est dans les eaux froides.
Les enfants sont dans la piscine.

Dire le moment

Quand j'ouvris les yeux, l'aube se levait.
Vers onze heures, Gatzo faisait un grand plongeon.

HENRI BOSCO, *L'enfant et la rivière,* Éd. Gallimard.

● *Trouve les mots qui indiquent le moment (quand?).*

2 *Complète les phrases avec des groupes de mots qui indiquent le moment (quand?).*

. . ., un orage éclata. — . . ., les arbres se couvrent de fleurs. — Je prendrai le T.G.V. . . . — . . ., le bateau de pêche quitte le port.

Situer le moment

3 *Emploie le passé simple et l'imparfait comme dans l'exemple.*
Exemple : L'avion vole dans le ciel. Soudain son moteur s'arrête → L'avion volait dans le ciel. Soudain son moteur s'arrêta.

Les enfants sont dans le jardin. Soudain, ils s'arrêtent de jouer.
Le chat est dans le panier. Soudain il saute sur une souris.
Mon oncle est chez lui. Soudain, il décide d'aller au cinéma.
Jean se promenait dans les bois. Soudain, il vit un champignon.

Utiliser le mot juste

4 *Complète les phrases avec :*

baguette — anneau — potion — miroir — formule.

La fée toucha la fillette avec sa . . . magique. — Obélix n'a pas le droit de boire la . . . magique. — Le gnome prononça rapidement la . . . magique. — Le magicien fit tourner autour de son doigt son . . . magique. — La reine passait son temps à se regarder dans son . . . magique.

Jeu poétique

5 **Monsieur le vent**

Soufflez monsieur le vent,
faites danser les nuages
et les cheveux des enfants sages.

Soufflez monsieur le vent,
emportez les papiers
et le chapeau du jardinier.

FERNANDE HUC.

● *En te servant du modèle ci-dessus, complète le texte suivant :*

Madame la pluie

Tombez madame . . .
Faites sortir les . . .
et les marchands de . . .

Tombez . . .
Arrosez les champs de . . .
et les terrasses des . . .

● *Invente d'autres textes :*
Madame la Lune, Monsieur le Tonnerre, etc.

Reconstitution de texte

6 **Pauvre Blanquette**

La chèvre entendit derrière elle un bruit de feuilles. Elle se retourna et vit dans l'ombre deux oreilles courtes, toutes droites, avec deux yeux qui reluisaient... C'était le loup.

Énorme, immobile, assis sur son train de derrière, il était là regardant la petite chèvre blanche...

ALPHONSE DAUDET,
« La chèvre de M. Seguin », *Lettres de mon Moulin.*

Les autres pronoms sujets (1) :
je, tu, nous, vous, on

UNE RENCONTRE

• *Réfléchis.*
Les mots en italique remplacent-ils des GN comme **il, elle, ils, elles ?**

« *On* est tous des chiens perdus ! Et personne ne pleure pour ça. »

« *Je* ne suis pas une chienne de la campagne, *je* suis de la ville, *vous* savez ? Alors… j'ai peur.

— Ce n'est pas la peine d'avoir peur, *je* suis là, dit Nénu.

— *Nous* sommes là, rectifia Mally-Pop.

— Comment t'appelles-*tu ?* demanda Nénu.

— *Je* m'appelle Vicky, répondit-elle.

— C'est tout, *tu* n'as pas un vrai nom de chien ?

— Non. *Je* ne savais même pas qu'il y en avait. *Vous* comprenez, *je* ne fréquente pas grand monde chez les chiens. »

RENÉ ESCUDIÉ, *Grand loup sauvage*, Éd. Nathan (Coll. Arc en poche).

> • ***Je, tu, on,*** sont des pronoms sujets.
>
> • *Je* désigne celui ou celle qui parle. *Tu* désigne celui ou celle à qui *je* parle.
>
> • *Nous* et *vous* peuvent être aussi des pronoms sujets :
> *Nous sommes là.*

1 *Copie les phrases suivantes et indique entre parenthèses les pronoms sujets.*

« Je vous demande de bien écouter », dit la maîtresse (…)
Nous partirons en classe de neige le mois prochain (…)
« Patrick ! tu es bien bavard aujourd'hui ! » (…)
« Avez-vous aimé ce gâteau ? », demande grand-mère. « Oh, oui ! » répondent Pascal et Brigitte (…)
« On part dans cinq minutes », dit papa à Charlotte.

2 *Complète avec les pronoms qui conviennent :*

« Reposons-… un peu, dit Pompon. … partirons quand la nuit tombera. »
« Avec tes cheveux en désordre, … ressembles à un épouvantail. »
« Alors, comme ça, … allez à la recherche de Grand loup sauvage », fit Nénuphar.

3 *Réunis ce qui peut aller ensemble. Écris les phrases :*

« Nous avons trop faim,   mais je n'abandonne pas les amis. »
« Je suis peut-être un chienchien à sa mémère   elle prendra soin de toi. »
« Tu auras une très gentille maîtresse,   nous n'irons pas plus loin sans manger. »

4 *Invente la fin des phrases en réutilisant le pronom sujet :*

Quand j'irai à la piscine, …
Si tu arrives à l'heure, …
On partira à cinq heures, …
Nous écrirons une lettre, …

5 *Invente maintenant le début des phrases en utilisant des pronoms sujets.*

« . . . . », dit Sophie à son frère.
. . . . , car nous avons mal joué.
. . . ., vous apprendrez à conduire.
« . . . . ? » « Je chantais », dit la cigale.

Récapitulons

LES POISSONS

Bargabot déposait un panier de poissons étincelants sur la table de la cuisine. Ils m'émerveillaient. Dans l'algue luisaient des ventres d'argent, des dos bleuâtres et des nageoires épineuses.

C'étaient des bêtes d'eau toutes fraîches encore de la rivière.

HENRI BOSCO, *L'enfant et la rivière*, Éd. Gallimard.

● *Lis le texte.*
— *Quel est le sens de :*
bleuâtres, épineuses?
— *Essaie de trouver d'autres mots construits de la même manière.*

---

1 *des dos* **bleuâtres**

bleuâtre → presque bleu
rougeâtre → presque . . .
jaunâtre → presque . . .
verdâtre → presque . . .
presque gris → . . .
presque blanc → . . .
presque noir → . . .

2 *des nageoires* **épineuses**

épineux → avec des épines
caillouteux → avec des . . .
sablonneux → avec du . . .
boutonneux → avec des . . .
un ciel avec des nuages → . . .
un temps avec de la brume → . . .
un terrain avec de la boue → . . .

3 *Tu recopies chaque texte puis tu écris le sens qui convient pour le mot en italique :*

Bargabot déposait un panier de poissons étincelants sur la table de la *cuisine*.

CUISINE
1. Une des pièces de la maison.
2. Façon de préparer les aliments.

Dans l'algue luisaient des ventres d'*argent*.

ARGENT
1. Métal luisant.
2. La couleur du métal argent.
3. Monnaie.

4 *Voici des mots-étiquettes. Fais des collections de mots qui s'y rapportent :*

mammifères : . . .

poissons : . . .

oiseaux : . . .

ÉCRIRE

5 ● *Observe les deux images : raconte l'histoire.*

● *Avec les verbes qui te sont donnés, ou d'autres, tu écris des phrases pour chaque image :*

attendre   faire des vagues
observer   entraîner
surveiller   s'exclamer
avoir l'œil sur   interpeller
agiter

J'écris les noms féminins en [i] :
la vie, une souris, la nuit

CHARADES

Mon premier guide les bateaux la nuit.
Mon second est le féminin de *mon*.
Mon troisième coupe avec ses dents.
Mon tout est une boutique.

On fait mon premier avec un livre.
L'âne fait mon second lorsqu'il crie.
Mon troisième est une plante
  dont nous mangeons les grains.
Mon tout est une boutique.

Mon premier est une partie du visage.
On fait mon second quand on n'est pas triste.
Mon tout est une boutique.

Mon premier s'en va.
Mon second fait de la fumée.
La poudre de mon troisième se met sur le visage.
Mon tout est une boutique★.

★*Réponses :* pharmacie — librairie — boucherie — parfumerie.

---

* Les noms féminins en [i] s'écrivent généralement *ie*.
* Retiens bien ces exceptions :
  la souris — la nuit — la brebis — la perdrix — la fourmi.

---

1 *Écris les noms féminins en* [i] *correspondant aux mots suivants, et désignant un lieu :*

le gendarme — le plombier — le bijoutier — le maire — le berger — le boulanger — le charcutier — le potier.

2 *Trouve les noms en* [i] *d'après les définitions.*

On l'allume en cas de panne d'électricité : la ...
Quand il y a une entrée, il y a forcément une ...
Ce gros oiseau noir et blanc, c'est une p...
On le dit : Après la ... vient le beau temps.
Sous la croûte du pain se trouve la m...

3 *Écris les noms féminins en* [i] *correspondant aux verbes suivants.*

scier — broder — sonner — tapisser — vivre — imprimer.

4 *Des devinettes. Écris le mot trouvé.*

C'est la femelle du porc : la...
C'est le ramoneur qui l'enlève : la ...
Elle fait sortir les escargots : la ...
L'étourdi en fait souvent : des é...

5 *Écris des charades pour les mots suivants :*

fourmi (four — mi) — souris (sous — riz) — prairie (près — rit) — boulangerie (boule — ange — rit).

6 *Dictées à préparer.*

● L'automne avait dégarni les arbres et l'air se faisait plus vif. De temps en temps, une pluie glacée les surprenait. Un jour, la neige se mit à tomber.

RENÉ ESCUDIÉ, *Grand loup sauvage*, Éd. Nathan.

● Chassant, mangeant, dormant le jour, marchant la nuit, ils traversèrent les forêts noires et atteignirent un jour le sommet de la montagne.

117

Le présent et le futur du verbe *voir*

UN REGARD SUR LA LUNE

PAPA, C'EST CHOUETTE! ON VOIT PLEIN DE CRATÈRES!

SUR LA DROITE TU VOIS LA MER DE LA TRANQUILLITÉ!

UNE MER? MAIS IL N'Y A PAS D'EAU SUR LA LUNE.

C'EST VRAI! C'EST UNE GRANDE PLAINE. MAIS NOUS LE VERRONS MIEUX DEMAIN.

Le verbe *voir* (3ᵉ groupe) a une conjugaison irrégulière.

Présent	**Futur**
Je vois	Je verrai
tu vois	tu verras
il, elle voit	il, elle verra
nous voyons	nous verrons
vous voyez	vous verrez
ils, elles voient	ils, elles verront

1 *Conjugue oralement :* **bien voir** *(au présent),* **voir ce film** *(au futur).*

2 *Complète avec le verbe* **voir** *au présent :*

Tu . . . mal. — Vous . . . les étoiles. — Je . . . un point lumineux. — Nous . . . Saturne. — Ils . . . un satellite. — On . . . mieux aujourd'hui.

3 *Complète avec le verbe* **voir** *au futur :*

Nous . . . l'étoile polaire. — Tu . . . Uranus. — Je . . . le jour se lever. — Vous . . . mieux demain. — Elles . . . Vénus se coucher. — Il . . . la Voie lactée.

4 *Écris les phrases au présent :*

Martin verra mieux avec ses lunettes. — Sur scène, les acteurs ne voyaient pas le public. — Dans le brouillard, nous ne verrons pas grand-chose. — Le verrez-vous ? — On ne verra rien.

5 *Écris les phrases au futur :*

Sœur Anne ne . . . rien venir. — Si tu es sage, nous . . . — Du haut de la tour, ils . . . mieux. — Je . . . ce film la semaine prochaine. — D'ici, tu ne . . . rien. — Julien . . . Sophie demain.

6 *Écris les trois premières personnes du singulier des verbes* **venir, faire, voir** *au présent.*

Quelles remarques peux-tu faire sur les terminaisons ?

Je . . . . tu . . . . il . . . .
Je . . . . tu . . . . il . . . .
Je . . . . tu . . . . il . . . .

7 *Récris au futur proche (futur 2).*

Je viendrai. Je verrai. Je ferai.
Ils viendront. Ils verront. Ils feront.
On viendra. On verra. On fera.

8 *Relie quand c'est possible :*

verrai

vois • • faisais   faisons •   • venions

ferai • je • ferez   viendront • nous • voyons

verrez • • vient   allons •   • ferons

viendrai   verrons

118

Les autres pronoms sujets (2) :
moi (je), toi (tu), nous, vous...

LE TEMPS DES CONTES

• **Moi,** je serais Robin des Bois.
Lequel des deux mots soulignés pourrais-tu supprimer ?
— *Comment appelle-t-on ces mots ?*
• *Et* toi tu *mettrais ton armure.*
Toi *et* tu *désignent-ils la même personne ?*
• *Quel mot peut désigner* toi *et* moi *ensemble ?*
— *As-tu cet exemple dans le texte ?*

S'il était encore une fois
Nous partirions à l'aventure
Moi, je serais Robin des Bois
Et *toi tu* mettrais ton armure.

Nous irions sur nos alezans
Animaux de belle prestance,
Nous serions armés jusqu'aux dents
Parcourant les forêts immenses.

S'il était encore une fois
Vers le château des Contes bleus
Je serais le beau fils du Roi
Et *toi tu* cracherais le feu.

GEORGES JEAN, *Les mots d'Apijo*, Éd. Saint-Germain-des-Prés.

• Les pronoms **moi, toi, lui, elle...** renforcent le sujet.
  Moi, je *serais Robin des Bois.* Lui, il *serait le traître.*

• **Nous** et **vous** réunissent plusieurs pronoms.

Toi et moi		
Lui et moi	nous *écoutons.*	
Elle et moi		

Lui et toi		
Elle et toi	vous *écoutez.*	
Eux et toi		

---

1 *Renforce chaque sujet à l'aide du pronom qui convient :*

..., je viendrai te voir. — ..., elle ne sera pas là. — ..., ils ne t'attendront pas. — ..., tu partiras très tôt. — ..., il te rejoindra.

2 *Complète avec le pronom qui convient :*

Toi et moi, ... prendrons le train. — Charlotte et toi, ... irez à la piscine. — Toi et lui, ... reviendrez à pied. — Eux et moi, ... sommes de la même équipe. — Toi, lui, sa sœur et moi, ... viendrons vous voir.

3 *Complète avec le verbe indiqué au futur :*

(voir) Chantal et moi, ... la lune au téléscope.
(être) Pascal, Jean et toi, ... toujours mes amis.

(venir) Elle et toi, ... me voir.
(faire) Lui et elle. ... ... une longue promenade.

4 *Réunis en une phrase.*
Exemple : Mireille observe la Lune. J'observe aussi la Lune. → Mireille et moi, nous observons la Lune.

Mireille observe la Lune. J'observe aussi la Lune. — Serge prendra le train. Tu prendras aussi le train. — Aurélie et Sabine aiment la danse. J'aime aussi la danse.

5 *Invente des phrases commençant par :*
— Moi, je ....
— Toi et moi, ...
— Toi et lui, ...

Des mots de sens voisins : les synonymes

• *Pour expliquer un mot, que peut faire le dictionnaire ?*

• *Relève les adjectifs qui peuvent remplacer* **laid.** *Construis une phrase avec chacun d'eux.*

immeuble   nom masc.

Françoise habite un immeuble de huit étages. → **un bâtiment, un édifice.**

laid, laide   adj.

Je trouve ce manteau bien laid : la couleur est triste et il est mal coupé. ≃ **affreux, horrible, moche** (fam.), **vilain.**

obtenir   verbe

1. *Éric a obtenu le premier prix de piano.* ≃ **avoir, gagner, recevoir.**

2. *On obtient du vin à partir du raisin.* → **on fabrique.**

Dictionnaire Actif de l'École (Éd. Nathan).

Plusieurs mots peuvent avoir le même sens ou des sens voisins : ce sont des **synonymes.**

Laid, affreux, moche.   *Obtenir, avoir, recevoir.*

---

1 *Tu relies deux mots de sens voisins : ce sont des synonymes.*

trouer •	• réfléchi
prudent •	• bandit
content •	• satisfait
malfaiteur •	• percer

2 *Tu trouves un verbe synonyme du verbe en italique :*

monter sur l'arbre *ou* . . . sur l'arbre
dissimuler ses larmes *ou* . . . ses larmes
briser un verre *ou* . . . un verre
construire la maison *ou* . . . la maison

3 *Le mot* **dur** *a trois sens. Il y a un synonyme pour chaque sens :* **difficile, sévère, résistant.** *Tu places chaque synonyme à l'endroit convenable :*

Ce morceau de viande est *dur.*   *Syn.* : . . .
Voilà un problème trop *dur.*   *Syn.* : . . .
M. Dupont est un homme *dur.*   *Syn.* : . . .

4 *Observe le mot en italique. Tu trouves un mot de sens voisin :*

Il faut se laver la *figure.* (le . . .)
Robinson aperçut un *navire.* (un . . .)
Le prix de l'essence *diminue.* (. . .)
Ce matin, le bus était *plein.* (. . .)

5 *Tu écris ces phrases sur ton cahier en remplaçant le mot en italique par un mot plus courant. (Aide-toi du dictionnaire pour trouver ce synonyme.)*

Cet enfant est bien *chétif.* — Le discours du Président a été *bref.* — Il est arrivé après la *clôture* de la séance. — Par politesse, *ôtez* votre chapeau.

6 *Tu remplaces les mots familiers par des mots de sens voisins :*

Soyez sages, ne faites pas de *bêtises.* — Cet homme est *drôlement* grand. — Le conducteur avait *grillé* le feu rouge.

Grâce aux synonymes, tu peux éviter une répétition.

J'écris les noms féminins en [y] :
la rue, la tribu

- *Écris le nom de ce que représente chaque dessin.*

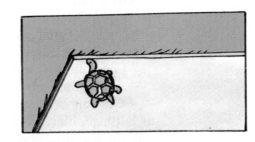

Les noms féminins terminés par [y] s'écrivent *-ue*.
Exceptions : *la tribu — la vertu — la glu.*

1 *Écris les noms féminins en* [y] *correspondant aux verbes suivants.*
Exemple : **voir → la vue.**

tenir — étendre — venir — revoir — battre.

2 *Complète avec un nom féminin en* [y] *choisi dans cette liste :* la charrue — la morue — la laitue — la massue — la crue.

J'aime la . . . c'est une salade tendre.
Autrefois on labourait avec une . . . en bois.
La . . . était une arme utilisée par les premiers hommes.
La . . . est un poisson de haute mer.
La rivière déborde ; les champs sont recouverts : c'est la . . .

3 *Fais deux groupes :*
1. les noms féminins,
2. les noms masculins.

tissu — massue — vertu — issue — tribu — bossu — bienvenue — avenue — menu — fichu.

4 *Cherche dans ton dictionnaire le sens des mots suivants :* la cohue — la sangsue.
Complète la phrase :
À Noël, dans les magasins, c'est la . . .

5 *Les noms masculins en* [y] *s'écrivent généralement* u (le menu — le bossu...). *Certains cependant s'écrivent* us *ou* ut. *Les connais-tu ? Complète :*

J'aime bien le ju. . . de fruit. — Michel a marqué un bu. . . — Je me suis assis sur le bord du talu. . . — Il m'a fait un salu. . . amical. — Il m'a dit non : c'est un refu. . .

6 *Dictée à préparer.*
Gavroche part au combat.
Cependant, il était parvenu, son pistolet au poing, rue du Pont-aux-Choux. Il remarqua qu'il n'y avait plus, dans cette rue, qu'une boutique ouverte, et, chose digne de réflexion, une boutique de pâtissier.

D'après VICTOR HUGO.

L'imparfait et le passé composé du verbe *voir*

INCROYABLE!

- *Lis le texte.*
- *Relève les formes conjuguées du verbe* voir.
Écris les personnes manquantes.
- *Avec quel auxiliaire conjugue-t-on le verbe* voir *au passé composé?*

« Hé! Mr Edwards! cria-t-il. On vient de voir un truc dingue! »

Le directeur se raidit et redressa le menton. Des gens surexcités, il en voyait tous les jours.

Willy s'arrêta devant le groupe le souffle court. L'autre pêcheur le suivait de près.

« On a ramé vite, dit Willy comme pour s'excuser d'être essoufflé. On s'est dit qu'il fallait rentrer pour vous en parler aussitôt que possible.

Me parler de quoi? demanda le directeur. Qu'avez-vous vu?

— C'est dingue, monsieur. Absolument dingue.

— Allez, dites-moi ce que vous avez vu.

— On voit ce vieux monstre, cette tortue, celle qui était sur la plage, hier, en train de nager et on voit le petit garçon assis sur son dos, comme un cheval.

— Vous devez nous croire, monsieur! cria l'autre pêcheur. Moi aussi, je l'ai vu! Vous devez le croire! »

D'après ROALD DAHL, *L'enfant qui parlait aux animaux*,
Traduction Marie-Raymond Farre, Éd. Gallimard (Coll. Folio Junior).

Imparfait		Passé composé		
Je	vo**yais**	J'	ai	vu
tu	vo**yais**	tu	as	vu
il, elle	vo**yait**	il, elle	a	vu
nous	vo**yions**	nous	avons	vu
vous	vo**yiez**	vous	avez	vu
ils, elles	vo**yaient**	ils, elles	ont	vu

Remarquer : -yions, -yiez

1 *Conjugue oralement :*

voir un fantôme *(à l'imparfait),*
voir le nouveau film *(au passé composé).*

2 *Complète avec le verbe* voir *à l'imparfait.*

Tu . . . sans lunettes. — Je . . . son air effrayé. — On . . . très mal. — Nous . . . mieux. — Vous . . . très bien. — Elles . . . des ombres.

3 *Même exercice :*

Que . . . -vous? — Nous ne le . . . pas. — . . . -vous la porte du jardin? — Nous ne . . . rien venir. — Que . . . -il?

4 *Complète avec le verbe* voir *au passé composé :*

Ils . . . . . . le buisson bouger. — Nous . . . des yeux briller. — J' . . . . . . le feuillage trembler. — On . . . . . . le hibou s'envoler.

5 *Même exercice :*

Nous l'. . . . . . — Toi, tu ne l'. . . pas . . . — Je ne l'. . . pas . . . aujourd'hui. — Où l'. . . -vous . . . ? — Ils n'. . . pas . . . la porte s'ouvrir.

6 *Récris aux temps demandés.*

Christophe voit des fantômes partout *(imparfait).* La lune brille : nous voyons clair comme en plein jour *(imparfait).* Ils voyaient des chauves-souris foncer sur eux *(passé composé).* D'ici, tu vois l'arrivée de la course *(futur).*

7 *Même exercice :*

Nous voyons la mer de notre chambre *(imparfait).* Ils verront le soleil rougir à l'horizon *(présent).* Vous voyez le bateau entrer au port *(imparfait).* Vous verrez les marins de près *(passé composé).*

8 *Indique le temps de chaque phrase.*

Nous les voyions chaque jour à midi.
Pierre et Julie verront la course du balcon.
Mes grands-parents ne voient plus bien clair.

Le conte (1)

LA HACHE PERDUE (1)

- *Qui est le héros ?*
- *Quel est l'événement qui se produit et qui pose un problème au bûcheron ?*
- *Qui va l'aider ?*

Il y a bien longtemps, vivait un pauvre bûcheron qui, du matin au soir, coupait du bois dans la forêt. Un jour qu'il travaillait au bord d'une rivière et qu'il tapait de toutes ses forces contre le tronc d'un chêne, le fer de sa hache se détacha du manche et tomba dans l'eau. Le pauvre bûcheron se mit à se lamenter.

C'est alors que surgit, on ne sait d'où, un petit bonhomme à la barbe blanche qui lui demanda pourquoi il se plaignait. Le bûcheron lui répondit que sa hache était tombée dans l'eau. Le petit bonhomme lui dit : « Je vais te la rendre. »

Et il plongea dans la rivière…

- Un conte commence souvent par « *il était une fois* », ou « *il y a bien longtemps* ». Au **début** du conte, les verbes sont à **l'imparfait,** puis il se produit un **événement** et le conte continue au **passé simple.**

- À partir de l'événement, le héros ou l'héroïne a besoin de quelque chose ou désire quelque chose. Il va se mettre à sa recherche *(la quête).*

- Il reçoit souvent de l'aide sous des formes différentes *(un ami, une fée, un enchanteur, un animal, un objet aux pouvoirs magiques, etc.).*

---

1 *Tu vas écrire un début de conte, en suivant les indications ci-dessous :*

- *Pour commencer, tu vas imaginer un héros. Tu diras qui il est, où il est, ce qui lui arrive et ce qu'il souhaite.*

- *Ensuite, tu vas imaginer qu'il part à la recherche de ce qu'il désire et qu'il rencontre un animal avec des pouvoirs magiques.*

- *Cet animal va lui confier une formule magique que tu inventeras. Imagine deux ou trois souhaits prononcés par le jeune homme.*
Tu peux éventuellement t'aider des éléments ci-après :

Un héros ou une héroïne
Un(e) prince(sse) — un pirate — un berger — une vieille femme — un chevalier — un nain.

Un lieu
Un château — une vieille cabane — un immeuble — un bateau — la forêt — un palais.

Un souhait
Trouver un trésor — grandir — retrouver son enfant — trouver l'épée d'or — se marier.

Un animal
Un dragon — une grenouille — une sauterelle — un cheval — un poisson.

Une formule magique
Abracadagla, abracadaglou — Troc et truc, broc et bruc — Carabiscornac et carabiscornic — Taramara de taramou.

2 *Tu vas écrire un début de conte avec les éléments suivants :*

un vieux paysan — une vieille paysanne bavarde — Le paysan ramasse du bois dans la forêt. — Il découvre un chaudron rempli de pièces d'or. — Il veut le garder, mais il ne veut pas que sa femme aille tout raconter… .

3 *Quelquefois, les héros de contes sont des animaux. Écris un début de conte avec les éléments suivants :*

un petit chat désobéissant — une grande forêt — Le petit chat se perd. — La nuit tombe. — Une chouette hulule et le petit chat a peur. — Un petit lapin lui propose de l'aider… .

4 *Lis ce texte.*

Sur la route, ils aperçurent comme un grand papillon d'or et d'argent qui s'avançait vers eux et, quand il fut plus près, ils reconnurent que ce n'était pas un papillon mais une belle femme, vêtue de vêtements flottants, aussi fins qu'une toile d'araignée et tout brillants, et portant sur la tête une couronne si étincelante qu'on ne savait pas si c'étaient des diamants ou des gouttes de rosée.

SARAH CONE BRYANT, *Contes du Petit Prince Pain d'Épices*, Éd. Nathan (Coll. Histoires à raconter).

● *Dans les contes, on rencontre souvent des personnages extraordinaires. C'est le cas des fées, des sorcières ou des géants, par exemple…*

● *Tu vas maintenant imaginer un ou deux de ces personnages. Cherche quels sont les détails qui les caractérisent, quels sont leurs pouvoirs, quels objets magiques ou quelles formules ils utilisent.*

● *Note tout ce que tu as inventé sur une fiche. (Elle pourra te servir pour la suite.)*

5 *Lis ce texte.*

Les dragons n'étaient pas des animaux de tout repos. Ils ne voulaient absolument pas qu'on les caresse et sifflaient dès qu'on les dérangeait. Mais ils étaient magnifiques. Leurs écailles étaient maintenant d'un beau vert profond avec des taches brun-rouge. Ils avaient une jolie crête le long du dos et leur queue fouettait l'air d'un mouvement ample. Leurs ailes étaient transparentes et ils commençaient à les déployer.

PENELOPE LIVELY, *Dragons et compagnie*, Éd. Nathan (Coll. Arc en Poche).

● *Dans les contes, on peut rencontrer aussi des animaux fantastiques, par exemple des licornes ou des dragons…*

● *Essaie de décrire un dragon de ton invention, comme tu as décrit des animaux dans l'unité 14-5, p. 69 : son allure générale, ses traits particuliers, son caractère, ce qu'il fait quand il est content, quand il est en colère, etc.*

6 *Tu vas inventer un début de conte. Choisis ton héros, ou ton héroïne. Réfléchis à ce qu'il souhaite avoir, être, faire… Imagine comment il, ou elle, va recevoir de l'aide. Puis écris en commençant par « Il y a bien longtemps… ».*

7 *Invente un autre début pour le conte du pauvre bûcheron.*

Les constituants du GV : le verbe et son complément

MONSIEUR L'ORDINATEUR

- *Fais le découpage GN/GV de quelques phrases du texte.*
- *Écris la phrase qui a pour GV le verbe seul.*
- *« Il conduit des robots. »*
« Il fabrique des images. »
— *De quoi sont constitués les GV de ces phrases ?*
— *Le groupe qui suit le verbe est-il indispensable au sens de la phrase ?*

En quelques années, il a envahi les bureaux, les appartements, les écoles. Il sait faire une foule de choses utiles aux hommes.

Il parle et entend. Son langage contient plusieurs milliers de mots. Il conduit les robots, contrôle le vol d'une fusée, fabrique des images, fait de la musique, soigne un malade, joue aux échecs, sert de professeur… Partout où il est utilisé, il apporte une aide irremplaçable.

Le groupe verbal peut se réduire à **un verbe seul** ou être formé **d'un verbe** et **d'un complément.**

L'ordinateur parle.
L'ordinateur conduit les robots.
Les robots est un GN complément du verbe *conduire.*

---

1 *Trouve un GN sujet pour accompagner chacun des verbes suivants :*

… arrive.   … s'installe.
… galopent.   … s'endort.
… réfléchit.   … s'endorment.
… reviendront.   … se termine.

2 *Trouve un verbe différent pour accompagner chacun des GN sujets suivants :*

La fusée …   Le technicien …
L'ordinateur …   Les robots …
Une image …   Le programme …

3 *Sépare le GN sujet et le GV et souligne les compléments du verbe :*

Les enfants préparent un programme.
Aurélie pose une question.
Nicolas lit la réponse.
Nous utilisons le crayon optique.

4 *Ajoute un complément à chacun des verbes. Écris la phrase.*

Alain achète … .
Sophie offre de … à sa mère.
Cette année, toute la classe utilise … .
Les hirondelles annoncent … .

5 *Souligne le GV de chaque phrase. Entoure le mot qui relie le verbe au complément.*

Martin habite à Marseille. — Sylvie va à la montagne. — Julien fait de la peinture. — Ce bateau part pour l'Amérique.

6

L'ordinateur	traite	les informations
GN sujet	V	GN complément

Sur ce modèle, découpe les phrases suivantes :
Le maître donne des instructions.
Les enfants réalisent leur programme.
Julien corrige une erreur.

7 *Invente trois phrases sur le modèle ci-dessus et écris-les.*

125

Des mots et expressions familiers

● *Retrouve tous les mots familiers dans ces vignettes de bande dessinée.*
● *Remplace-les par des synonymes.*

GOSCINNY-UDERZO, *Le Devin,*
© 1987, Éd. Albert René.

1 *Relie le mot familier (à gauche) au mot non familier (à droite) :*

le boulot ● ● une promenade
une balade ● ● le travail
une godasse ● ● le bruit
le boucan ● ● une chaussure

2 *Remplace le mot familier en italique par un mot synonyme :*

Martine et ses *copines* sont allées au cinéma. « Qu'est-ce qu'il était *moche* le film ! Je n'ai pas aimé ce *type* qui dansait. »

3 *Souligne les mots familiers. Tu recopies les phrases en remplaçant chacun de ces mots par un synonyme :*

Allons nous balader dans les champs. — Il s'est fait un petit bobo au bout de son doigt. — Vincent a reçu une belle raclée.

ÉCRIRE

4 *Récris ces phrases en remplaçant les noms familiers par d'autres non familiers*

Quelle belle bagnole ! — C'est mon meilleur copain — Un kilo de patates — Il va pleuvoir : n'oublie pas ton pépin !

5 *Parmi ces groupes, recopie seulement l'expression qui n'est pas familière.*

J'en ai marre, J'en ai assez — Il nous ennuie, Il nous casse les pieds — Il se fait des cheveux, Il se fait du souci — Ne pas s'en faire, Être insouciant.

6 *Les niveaux de langue :*

la langue familière → on dit : J'ai la frousse
la langue courante → on dit : J'ai ...
la langue soignée → on dit : Je suis ...

Utilise chaque expression dans une phrase qui mettra en évidence le niveau de langue choisi.

J'écris les verbes
en -*cer*, -*ger*, -*yer*

- *Relève tous les verbes du texte dont l'infinitif se termine par -cer, -ger, -yer.*
- *À quel temps sont-ils conjugués ici?*
- *Conjugue un verbe de chaque sorte à l'imparfait, au présent, au futur.*
- *Quelles remarques peux-tu faire sur leur orthographe?*

UNE COURSE FOLLE

Le navigateur lançait maintenant toutes ses forces dans la bataille. Le voilier transperçait les vagues, plongeait dans les creux, se cachait, se redressait, chargeait l'océan comme un animal fougueux. Marc ne renonçait pas à la victoire. Il déployait toutes ses forces dans une lutte qui peu à peu le plaçait en tête de la course.

Présent	*Imparfait*	*Futur*	
Je lance	Je lançais	Je lancerai	**cédille** devant
Nous lançons	Nous lancions	Nous lancerons	*a* et *o*
Je mange	Je mangeais	Je mangerai	**e** après g devant
Nous mangeons	Nous mangions	Nous mangerons	*a* et *o*
Je déploie	Je déployais	Je déploierai	changement de y en **i**
Nous déployons	Nous déployions	Nous déploierons	au futur et à certaines personnes du présent.

1 *Écris au temps et à la personne demandés les verbes suivants :*
tracer *(présent 1ʳᵉ pers. sing.)*
ranger *(présent 1ʳᵉ pers. plur.)*
bercer *(imparfait 1ʳᵉ pers. sing.)*
partager *(imparfait 2ᵉ pers. sing.)*
nettoyer *(futur 1ʳᵉ pers. sing.)*
essuyer *(imparfait 1ʳᵉ pers. plur.)*

2 *Même exercice :*
annoncer *(imparfait 1ʳᵉ pers. plur.)*
avancer *(imparfait 3ᵉ pers. plur.)*
charger *(imparfait 3ᵉ pers. plur.)*
plonger *(imparfait 1ʳᵉ pers. plur.)*
essayer *(imparfait 2ᵉ pers. sing.)*
payer *(imparfait 2ᵉ pers. plur.)*

3 *Récris les phrases aux temps demandés :*
Le maire prononce un discours. *(imparfait).*
Clara protège son frère. *(imparfait).*
Tu berceras ta petite sœur. *(imparfait).*
Nous nagions dans le grand bain. *(présent).*

4 *Même exercice :*
Le vent balayait les nuages. *(futur).*
Les enfants s'ennuyaient dans cette maison. *(futur).*
Nous envoyons une lettre à notre ami. *(imparfait).*
Tu essuies la vaisselle. *(futur).*

5 *Écris à la même personne, à l'imparfait puis au futur :*
Il s'élance . ... - ....
Tu corriges. ...... - ....
Je balaie. ...... - ....
Elle change . ... - ....

6 *Dictées à préparer.*
- Les deux premières phrases du texte « une course folle ».
- Blanquette s'ennuyait ; elle voulait aller dans la montagne. Monsieur Seguin essayait de la retenir. Elle s'échappa. Elle fut dévorée par le loup après s'être battue avec lui pendant toute une nuit.

D'après Alphonse Daudet

Conjugaison

Le présent et le futur du verbe *prendre*

• *Relève les formes conjuguées du verbe* **prendre**.
• *Oralement, essaie de le conjuguer aux temps repérés.*

PANIQUE À BORD !

Je prends une tenue de cosmonaute et je rejoins mon équipage au pied de l'immense vaisseau spatial.

Nous prenons place dans l'habitacle. Les portes sont verrouillées. Encore quelques secondes et nous prendrons le départ.

Les moteurs rugissent, le siège tremble… Tout à coup, j'ai peur. Je ne veux plus partir. Je veux descendre. Au secours ! Au secours ! Je saute…

Je me réveille tout en sueur ; je viens de tomber de mon lit…

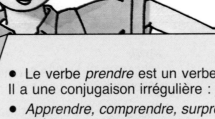

• Le verbe *prendre* est un verbe du **3e groupe**.
Il a une conjugaison irrégulière : je pr*ends*, nous pr*enons*.

• *Apprendre, comprendre, surprendre* se conjuguent comme *prendre.*

Présent	Futur
Je pren**ds**	Je pren**drai**
tu pren**ds**	tu pren**dras**
il, elle, on pren**d**	il, elle, on pren**dra**
nous pren**ons**	nous pren**drons**
vous pren**ez**	vous pren**drez**
ils, elles pren**nent**	ils, elles pren**dront**

---

1 *Conjugue oralement :*

prendre le train *(au présent)*,
prendre l'avion *(au futur).*

2 *Complète avec le verbe* **prendre** *au présent :*

Il … son temps. — Nous … un café. — Elles … quelques livres. — Vous … un journal. — Je … un billet. — Tu … l'autocar.

3 *Complète avec le verbe* **prendre** *au futur.*

Tu … un aller-retour. — Nous … le T.G.V. — Elles … leur petit déjeuner. — Je … ma voiture. — Vous … l'autoroute.

4 *Complète à l'aide des pronoms qui conviennent :*

… prends l'avion. — … prendront l'ascenseur. — … prendrez un cachet. — … prennent leur parapluie. — … prend peur. — … prendrai mon vélo. — … prendra froid. — … prenons ce sentier.

5 *Emploie le verbe* **prendre** *au présent :*

Michel et Claude … la même route. — Arrivé au carrefour, je … la direction de Nevers. — Pierre et moi, nous ne … pas le même chemin. — Quel train …-tu ? — Combien de sucres …-vous ?

6 *Écris les phrases au futur en employant le verbe* **prendre** *:*

Quand …-vous l'avion ? — Élodie … le bateau cet été. — Les enfants et moi … … notre maillot de bain. — Après le match, je … une bonne douche. — Couvre-toi, sinon tu … froid.

7 *Écris aux temps demandés :*

Chaque soir, Alain (apprendre) ses leçons *(présent).*
Je ne (comprendre) pas ce que tu dis *(présent).*
Bientôt, nous (apprendre) à jouer au tennis *(futur).*
Je (reprendre) ce livre demain *(futur).*

Le GN complément essentiel du verbe (ou GN2)

NAPOLÉON

Gros-Papa adore Napoléon. Pour évoquer les guerres napoléoniennes, il se fait le chapeau de l'Empereur dans une page de journal. Il met la main dans son gilet et contemple gravement la salle à manger comme un champ de bataille.

Il montre la commode et déclare :

— Voilà les hussards, Fiston.

Le buffet, c'est l'armée prussienne, le lustre allumé, le soleil d'Austerlitz, et la fumée des canons il la fabrique en tirant sur son petit cigare.

D'après GÉRARD PUSSEY, *Fiston et Gros-Papa*,
Éd. Nathan (Coll. Arc en poche).

• *La première phrase du texte est-elle une* **phrase minimale** *? Si oui, pourquoi ?*
— *Quel est le groupe verbal de cette phrase ?*
— *De quoi se compose-t-il ?*
• *Quel est le groupe nominal complément de chacun des verbes :* **mettre, contempler, montrer ?**

• Le groupe nominal **complément essentiel du verbe** (ou GN2) peut-être :
— un nom propre : *Gros-Papa adore* Napoléon ;
— un groupe du nom simple : *Il montre* la commode ;
— un groupe du nom étendu : *Il montre* la grosse commode.

• Ce groupe nominal complément est **essentiel,** parce qu'il ne peut être ni supprimé, ni déplacé.

---

1 *Relève les GN compléments essentiels du verbe. Indique leurs constituants.*

Loïc achète un masque de Zorro. — Sophie promène sa petite sœur. — Bruno rencontre Nicolas. — Les coureurs montent un col difficile. — Simon a fabriqué un chapeau de clown.

2 *Réduis les phrases pour ne garder que ce qui est essentiel. Souligne le GN complément du verbe dans les phrases réduites.*

Dans quelques jours, les arbres perdront leurs feuilles.
A la fin de l'automne, le petit écureuil fait ses provisions pour l'hiver.
Demain, on fêtera l'anniversaire de Pascale.
Dans la forêt, sous les feuilles, on trouve les premiers champignons.

3 *Complète chaque verbe avec un nom propre différent :*

Mon frère imite . . . — Depuis une heure, j'attends . . . — Je n'aime pas . . . dans ce film.

4 *Complète avec un GN étendu : D + N + Adj.*
Exemple : **Mireille a reçu un joli bracelet.**

Véronique a lu . . . .
Nos amis ont acheté . . . .
Notre voisin, le pêcheur, a attrapé . . . .

5 *Écris quatre phrases avec les GN compléments essentiels suivants :*

. . . . un bouquet de fleurs.
. . . . une douche chaude.
. . . . un film passionnant.
. . . . des histoires drôles.

Vocabulaire

Des noms composés (1)

● *Lis le nom de ces objets.*
— *Comment ces noms sont-ils composés?*
— *Quel est le genre de ces noms?*
— *Connais-tu d'autres noms composés de la même manière? Cite-les.*

DES USTENSILES MÉNAGERS

ouvre-boîtes
Ouverture automatique de toutes les boîtes et arrêt automatique en fin d'ouverture.
Prix : 149 F

presse-agrumes
Par simple pression, le jus coule dans le réservoir.
• Enrouleur de cordon
Rotation alternée
Prix : 99 F

chauffe-plats
Montée rapide en température : 8 minutes de chauffe pour une autonomie d'une heure.
Poignées isolantes.   930 W

sèche-cheveux
Système arrêt/marche pour plus de confort et de sécurité.
Prix 99 F

● De nombreux **noms composés** sont formés d'un **verbe** au présent et d'un **nom** reliés par un **trait d'union** :
un grille-pain — un sèche-cheveux — un garde-barrière.

1 *En changeant le nom, quels autres noms composés peux-tu construire avec les verbes* **chauffer — sécher — presser**. *Écris-les. Aide-toi du dictionnaire.*

2 *Écris les noms composés que tu peux former en prenant un élément dans chaque colonne :*

casse	miettes
tire	bébé
pèse	noisettes
ramasse	bouchon

3 *Quelque chose ne va pas ! Fais les corrections en récrivant correctement les noms composés.*

un pare-mains — un croque-feu — un allume-monsieur — un essuie-brise.

4 *Lesquels de ces noms composés désignent des personnes? Écris-les.*

un garde-chasse — un garde-manger — un garde-pêche — un garde-malade — un garde-boue — un garde-barrière.

5 *Qu'est-ce que c'est? Écris la définition que tu trouveras dans ton dictionnaire.*

un pique-assiette : . . .   un amuse-gueule : . . .
un pousse-café : . . .   un croque-madame : . . .

6 *Complète pour former un nom composé courant :*

un lave-. . . . . . .   un allume-. . . . . . .
un lance-. . . . . . .   un porte-. . . . . . .

7 *Même exercice.*

un . . . . -savon   un . . . . -mouches
un . . . . -bagages   un . . . . -pieds.

8 *Quel est l'intrus de cette liste? Aide-toi du dictionnaire.*

un perce-oreille — un perce-neige — un perce-muraille — un perce-pierre.

J'écris les mots terminés par [mɑ̃] :
le ronflement, lentement

LE RÉVEIL DU VILLAGE

- *Relève tous les mots en [mɑ̃] du texte.*
- *Cherche les verbes qui correspondent à certains. Écris-les.*

C'est un véritable concert qui réveille lentement le village ce matin. De la place où le cirque s'est installé, montent, mêlés aux aboiements des chiens et aux claquements des portières, les cris des hommes qui s'interpellent. Parfois, au milieu de ces bruits, jaillit le rugissement d'un fauve, le grondement d'un ours ou le bêlement d'une chèvre.

- Beaucoup de mots terminés par [mɑ̃] s'écrivent *-ment*.
- Certains sont des noms qui proviennent de verbes :
  *claquer → le claque*ment.
- D'autres ne sont pas des noms. Ils sont dérivés d'un adjectif au féminin :
  *grande → grande*ment.

1. *Écris les noms en [mɑ̃] formés à partir des verbes suivants :*

charger — ronfler — siffler — amuser — gouverner — gémir.

2. *Retrouve puis écris le cri de chaque animal.*
Exemple : la vache → le meuglement.

le chat — le mouton — le chien — le porc — le lion.

3. *Écris les mots en [mɑ̃] formés à partir des adjectifs suivants :*

longue — lente — vive — parfaite — faible — large — propre — nette — sûre — tendre.

4. *D'autres mots terminés par [mɑ̃] :* **comment — appartement — aliment — événement — médicament.** *Écris chacun d'eux à sa place :*

Mon oncle a acheté un ... de trois pièces. — ... allez-vous ? — Cette finale est un grand .... — Le poisson, la viande, les légumes sont des .... — Pour soigner son rhume, le médecin lui a donné un ....

5. *Même exercice avec les mots :* **vraiment — régiment — ciment — jument.**

On utilise du ... pour joindre les pierres.
Un ... est composé de nombreux soldats.
C'est ... dommage que tu ne viennes pas !
La ... a mis au monde un joli poulain.

6. *Dictées à préparer.*

- *Le renard.*

C'était un long renard, une bête admirable. Il fit un mouvement du col, comme pour fuir. Un sifflement traversa le vallon. Le renard s'arrêta, leva le museau vers les astres et poussa un glapissement lugubre.

HENRI BOSCO, *L'âne Culotte*, Éd. Gallimard.

- *Perdu !*

J'avançais lentement ; plus de sentier ; j'étais vraiment perdu. Par bonheur, sous les pinèdes, il est rare qu'on rencontre des fourrés, le sol est lisse, les pins assez espacés et l'on circule facilement sous leur couvert.

HENRI BOSCO, *L'âne Culotte*, Éd. Gallimard.

L'imparfait et le passé composé du verbe *prendre*

LA DERNIÈRE TOURNÉE

● *Relève les formes conjuguées du verbe* **prendre**.

● *Retrouve les personnes manquantes pour chacun des temps repérés.*

Chaque jour, à la même heure, il prenait le même chemin, qui le conduisait de maison en maison, de ferme en ferme à travers le village. Il allait ainsi, depuis très longtemps, distribuant la joie ou la peine, inlassablement.

Aujourd'hui, il a pris ce chemin pour la dernière fois. Le vieux facteur va maintenant se reposer…

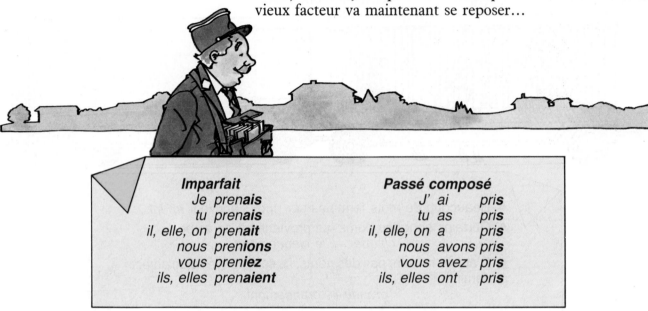

Imparfait	Passé composé
Je pren**ais**	J' ai pri**s**
tu pren**ais**	tu as pri**s**
il, elle, on pren**ait**	il, elle, on a pri**s**
nous pren**ions**	nous avons pri**s**
vous pren**iez**	vous avez pri**s**
ils, elles pren**aient**	ils, elles ont pri**s**

1 *Conjugue oralement :*

prendre le train *(à l'imparfait)*, prendre froid *(au passé composé)*.

2 *Complète avec le verbe* **prendre** *à l'imparfait.*

Il … la même route. — Tu … ta bicyclette. — Nous … un petit sentier. — Je … un raccourci. — Elles … tout droit. — Vous … à gauche.

3 *Complète avec le verbe* **prendre** *au passé composé :*

Tu … … une photo. — On … … des vacances. — Nous … … … un repas froid. — Ils … … … la route. — J'… … … du repos. — Vous … … … l'avion.

4 *Complète à l'aide du pronom qui convient :*

… as pris — … preniez — … prenaient — … ai pris — … prenais — … avez pris — … prenait — … ont pris.

5 *Complète en écrivant les verbes aux temps demandés :*

La voiture … de la vitesse. (prendre - *imparfait*)
Mes parents … une grande décision. (prendre - *passé composé*)

Je ne … pas cette route. (prendre - *futur*)
Chaque soir, j'… mes leçons. (apprendre - *présent*)
Je n'… pas … ce problème. (comprendre - *passé composé*)

6 *Indique le temps de chaque phrase :*

Que prends-tu, thé ou café ? (…)
Jean-Marc prenait son temps. (…)
Nous prenons souvent la même route. (…)
Quand prendrez-vous vos vacances ? (…)
Tu n'as pas repris de dessert. (…)

7 *Trouve un GN sujet qui convient. Observe bien la marque du verbe.*

…………………… prennent le départ.
…………………… a pris feu au démarrage.
…………………… apprenaient bien leur rôle.
…………………… ne comprenait pas l'exercice.
………… prendra quelques jours de vacances.

8 *Trouve un GN complément du verbe qui convient :*

Lorsqu'il pleut, je prends ………………
Pour aller au village, il prendra ……………
Nous avons pris …………… pour goûter.
De Paris à Lyon, nous prenions ……………

132

Les remplaçants du GN complément : les pronoms *le, la, l', les*

LA DÉCOUVERTE

1. **Tristan voit sa bille.**
2. **Tristan la voit.**
● *Comment appelle-t-on le GN sa* **bille** *dans la phrase 1 ?*
● *Par quel mot est-il remplacé dans la phrase 2 ?*
Récris cette phrase en employant le GN.
● *Quels noms, quels GN sont remplacés par les autres mots soulignés dans le texte ?*

La boule file dans la rue en pente... Elle dévie de sa trajectoire et tombe dans le ruisseau... Tristan s'accroupit, scrutant l'ombre sous chaque auto... Et là, il la voit... Plutôt : il les voit... Il y a trois boules vertes, à présent. Trois billes phosphorescentes. Une grosse et deux petites : deux yeux de chat incrustés dans une tête toute noire.

Tristan a balancé au sol le cartable qui l'encombrait et se jette à plat ventre. Il récupère d'abord son bien, l'essuie sur sa manche, contrôle si la bille ne s'est pas fêlée durant sa course. Non, elle est intacte, irradiant toujours ses lueurs magiques, comme les prunelles rondes du chat, qui le regarde intensément, sphinx gardant son trésor.

PHILIPPE ET JANINE SAINT-GIL, *Le Prince Noir*, Droits réservés.

● Lorsque ***le, la, l', les*** remplacent des noms ou des groupes nominaux compléments, ils sont **pronoms compléments.**

● Ils évitent les répétitions. Ils se placent devant le verbe.

Tristan perd sa bille. *Tristan* la *perd.*
Le chat regarde Tristan. *Le chat* le *regarde.*

---

1 *Indique ce que remplacent* **le, la, l', les** *dans les phrases suivantes :*

Véronique trouve un oiseau blessé ; elle le soigne.
Le berger rassemble ses moutons ; il les conduit au pré.
Le chien court après une brebis ; il la ramène.
Le renard attrape une poule et l'emporte.

2 *Évite les répétitions en utilisant des pronoms compléments :*

Julien aime son chien. Il caresse souvent son chien.
La poule appelle ses poussins. Elle protège ses poussins.
Le tigre se jette sur sa proie et dévore sa proie.

3 *Récris la phrase en remplaçant le GN complément par un pronom.*
Exemple : **Sophie termine son livre → Sophie le termine.**

Le pilote pose son avion.
Les enfants répètent une pièce de théâtre.
Les spectateurs applaudissent les acteurs.
Joëlle regarde la télévision.
Valérie écoute un disque.

4 *Remplace les GN sujets et les GN compléments par les pronoms qui conviennent :*
Exemple : **Maman prépare un gâteau → Elle le prépare.**

Richard gagne la partie.
Le vent déracine le chêne.
Les mouettes survolent le bateau de pêche.
Julie et Yvan cueillent des cerises.
Martine et Charlotte récitent des vers.

5 *Indique si le mot souligné est un déterminant du nom ou un pronom.*

Les chamois vivent dans la montagne. Ils la connaissent bien car ils la parcourent tout le jour. Les aigles sont devenus rares, on ne les trouve plus qu'en haute montagne. L'alpiniste est gêné par le vent ; il l'empêche d'avancer, il le retarde dans sa course.

6 *Remplace le pronom complément par un GN complément. Récris la phrase :*

Claire *les* rentre à l'étable.
L'équipe d'Isenay *le* remporte par deux buts à zéro.
Les enfants *la* regardent après le dîner.
Olivier *l'*étudie pour retrouver son chemin.

Des noms composés (2)

● *Lis le nom de ces objets.*
— *Comment ces noms sont-ils composés?*
— *Quel est le genre de ces noms?*
— *Connais-tu d'autres noms composés de la même manière? Cite-les.*

DES PROMOTIONS

FER A VAPEUR
Semelle double action
Système « Collector »
anti-tartre

~~390 F~~ | 320 F |

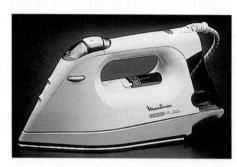

TABLE À REPASSER
10 positions - jeannette - grille repose-linge.

~~280 F~~ | 220 F |

ARMOIRE DE TOILETTE
Tôle acier laquée - 3 portes miroir - 2 tiroirs équipement électrique de sécurité - dimensions : 61 x 53 x 15 cm.

~~395 F~~ | 290 F |

ARMOIRE À PHARMACIE
Tôle acier laquée - 2 portes avec rangement fermeture à clé-dimensions : 53 x 41 x 20 cm.

~~350 F~~ | 250 F |

● De nombreux **noms composés** sont formés d'un **nom relié à un autre nom** par la préposition *à* ou la préposition *de*.

une armoire à *pharmacie — une armoire* de *toilette.*

● Parfois la préposition relie le nom à un verbe à l'infinitif.

une table à repasser.

---

1 *Écris des noms composés en complétant à l'aide de :*
source — fruits — fleurs — chambre.

une robe de . . . . . . — de l'eau de . . . . . . — un jus de . . . . . . — un pot de . . . . . .

2 *Même exercice avec les noms :* vapeur — réaction — *sonnettes — glace.*

un avion à . . . . . . — un serpent à . . . . . . — un bateau à . . . . . . — une armoire à . . . . . .

3 *Écris six noms composés en complétant à l'aide des verbes :* friser — laver — souder — coudre — repasser — écrire.

une machine à . . . . . .   un fer à . . . . . .

4 *Avec les noms* tarte, fromage, friture, pain, *complète pour former quatre noms composés :*

une bassine à . . . . . . — une pelle à . . . . . . — une corbeille à . . . . . . — un plateau à . . . . . .

5 *Même exercice avec les noms* café, vaisselle, cuisine, table.

un buffet de . . . . . . — une tasse à . . . . . . — un couteau de . . . . . . — un égouttoir à . . . .

6 *Trouve les noms composés à l'aide des définitions suivantes :*

Avec cette eau, on se parfume : l'. . . . .
Avec cette eau, on désinfecte : l'. . . . .
Sur cette planche, on travaille : la . . . .
Sur cette planche, on s'amuse : la . . . .

7 *De quelle « boîte » s'agit-il?*

On y dépose le courrier : la . . . .
On y jette les détritus : la . . . .
On y range le tournevis, la pince… : la . . . .
Dans la voiture, elle est toujours à l'avant : la . . .
. . . . . .

Rappel de l'accord du verbe

ENTRE CHIEN ET CHAT

● *Observe la terminaison du verbe :*
— **Tu les imit*es*.**
— **Tu te diminu*es*.**
— **Elle les cueill*e*.**
● *Rappelle la règle d'accord du verbe.*

Kiki-la-Doucette : Ce ne sont que des Deux-Pattes, l'un et l'autre. Tu les imites, pauvre être, et tu te diminues d'autant. Tu te tiens debout sur tes pieds de derrière, tu portes un manteau lorsqu'il pleut, tu manges-fi ! — ces grosses boules vertes...
Toby-chien : Des pommes.
Kiki-la-Doucette : Probablement. Elle les cueille et te les lance dans l'allée, en criant : « Pomme, Toby, pomme ! » Et tu te rues comme un fou, la langue et les yeux en dehors, jusqu'à perdre haleine...

D'après COLETTE, *Le Dîner est en retard,* in « Douze dialogues de bêtes »,
© Mercure de France.

● **Le verbe s'accorde toujours avec son sujet :** nom propre, groupe du nom, pronom, quelle que soit sa place.
● Les pronoms compléments placés devant le verbe ne modifient en rien cette règle.

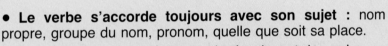

Je les *lance*.   Tu la *lances*.   Elles la *lancent*.

---

1 *Souligne les sujets, écris les terminaisons au présent :*

Tu la port... — Nous les écout... — Je les termin... — Ils la gard... — Elle les chois... — Vous le puni...

2 *Souligne les sujets, écris les terminaisons au futur :*

Je les rencontr... — On les trouv... — Ils le saisir... — Ils les franch... — Vous le fin... — Elle le chang...

3 *Souligne les sujets, écris les terminaisons à l'imparfait :*

On les regard ... — Nous la chant... — Tu les prépar... — Je les cherch... — Elles le chass... — Vous le rempli...

4 *Écris les phrases au présent :*

L'écureuil *(ramasser)* des noisettes et les *(porter)* dans son nid. — J'*(apprendre)* mes leçons et je les *(réciter)* à ma mère. — Les paysans *(rentrer)* le foin et l'*(abriter)* dans les granges. — Tu *(faire)* un gâteau et tu le *(manger)* avec tes amis. — Pascal et Nathalie *(aimer)* ce disque ; ils le *(passer) sans arrêt.*

5 *Même exercice :*

Les chasseurs le *(voir).* — Tu les *(comprendre).* — Vous le *(faire).* — Pierre et Christophe le *(faire).* — On les *(voir).* — Elles la *(prendre).*

6 *Dictées à préparer.*

● Madame Lepic ne badine guère, et les enfants des autres s'approchent d'elle prudemment et la redoutent presque autant que le maître d'école.

JULES RENARD, *Poil de Carotte.*

● *Poil de Carotte :* Alors, tu ne trouves pas mes oreilles trop longues ?
Mathilde : Je les trouve drôles. Prête-les moi. J'ai envie d'y mettre du sable pour faire des pâtés.

JULES RENARD, *Poil de Carotte.*

● *La sorcière.*
Elle avait ramassé le fruit sur le chemin. Ah ! Quel beau fruit ! Je le vois encore. L'ayant léché, la sorcière le pose, rose tendre, au pied de l'arbre. L'enfant passe, le voit, le mange et tombe évanoui. La sorcière saute sur lui et l'emporte dans les airs.

Conjuguer le verbe à l'impératif (1)

Conjugaison

• *Relève les verbes utilisés pour donner des ordres ou des conseils. Quel est leur infinitif ?*
• **Montez et entrez.**
— *À quelle personne correspondent ces verbes ?*
— *Quelles sont les autres personnes possibles ?*

GAVROCHE REÇOIT !

— Moutards, n'ayez pas peur !
Gavroche montra l'échelle et le trou à ses hôtes et leur dit :
— Montez et entrez.
Les deux petits garçons se regardèrent terrifiés.
— Eh bien ! cria-t-il, montez donc, les momignards ! Vous allez voir comme on est bien ! Monte, toi, dit-il à l'aîné, je te tends la main.
— N'aie pas peur !
— Mets ton pied là !
— Ta main ici !
Et quand il fut à sa portée, il l'empoigna vigoureusement par le bras et tira à lui.

D'après VICTOR HUGO, *Les Misérables.*

A l'impératif, le verbe ne compte que trois personnes :
— **la 2ᵉ pers. du singulier** — celle à laquelle on s'adresse : *Monte* (pas de s final).
— **la 1ʳᵉ pers. du pluriel** — celles qui parlent : *Montons.*
— **la 2ᵉ pers. du pluriel** — celles auxquelles on s'adresse : *Montez* (le sujet n'est pas écrit).

Avoir	**Être**	**Monter**	**Choisir**
Aie	*Sois*	*Monte*	*Choisis*
Ayons	*Soyons*	*Montons*	*Choisissons*
Ayez	*Soyez*	*Montez*	*Choisissez*

---

1 *Conjugue oralement à l'impératif :*

avoir du courage — être à l'heure — manger proprement — obéir à ses parents.

2 *Fais deux groupes : 1. les verbes au présent, 2. les verbes à l'impératif.*

Tu écoutes — Nous travaillons — Écoute — Tu cherches — Travaillons — Vous entrez — Cherche — Tu regardes — Entrez — Regarde.

3 *Transforme en impératif.*

Tu as de la patience. — Tu es courageux. — Tu fermes la fenêtre. — Tu ouvres la porte. — Tu choisis un livre. — Tu fournis un effort.

4 *Écris à la forme négative (ne... pas).*

Écoute ses conseils. — Mange cette soupe. — Jetez ce bouquet. — Punissez cet élève. — Prenez ce livre. — Parlons maintenant.

5 *Écris à la forme affirmative :*

Ne sonnez pas avant d'entrer. — Ne ferme pas les volets. — Ne marchez pas ici. — N'entrons pas. — Ne démolissez pas ce mur.

ÉCRIRE

6 *Invente une recette en te servant des verbes suivants utilisés à l'impératif.*

préparer — verser — casser les œufs — mélanger — ajouter — sucrer — saler — verser — laisser cuire — servir.

7 *Recherche autour de toi des publicités qui utilisent l'impératif. Recopie-les sur une feuille.*

Compléments du verbe déplaçables et supprimables

LA TEMPÊTE

- **Réduis** *le plus possible la pre-mière phrase.*
Quel groupe as-tu supprimé ?
- *Ce groupe qui est* **supprimable** *est-il également* **déplaçable ?**
Si oui, donne la nouvelle phrase.
- *A quoi sert ce groupe ?*
Quel renseignement apporte-t-il ?
- *Reprends le même travail avec d'autres phrases du texte.*

A dix heures, le vent avait atteint la force de l'ouragan. Les vagues déchaînées frappaient continuellement mon petit navire. Sans faiblir, il poursuivait son chemin au travers des éléments démontés.

Tout à coup, de l'horizon, je vis arriver une vague énorme. Elle fonçait sur moi avec un roulement de tonnerre. J'eus juste le temps de monter dans le gréement. La vague déferla, furieuse, sur le Firecrest. Il disparut sous des tonnes d'eau, dans un tourbillon d'écume.

Lentement, il sortit de l'écume et l'énorme vague passa.

D'après ALAIN GERBAULT, *Seul à travers l'Atlantique*, Éd. Grasset.

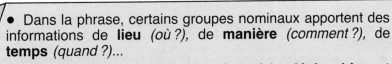

- Dans la phrase, certains groupes nominaux apportent des informations de **lieu** *(où ?)*, de **manière** *(comment ?)*, de **temps** *(quand ?)...*
- Ces groupes **compléments,** à la fois **déplaçables et supprimables,** ne sont pas essentiels.

Le vent avait atteint la force de l'ouragan... (quand ?) à dix heures → À dix heures, *le vent avait atteint la force de l'ouragan.*

---

1. *Écris la phrase réduite : GN sujet + V + Complément du verbe.*

Je prenais un bain à l'avant du radeau.
Soudain, j'aperçus un gros poisson.
Le monstre décrivait des cercles juste au-dessous du radeau.
Erik abaissa le harpon, entre ses jambes, de toutes ses forces.

2. *Récris les phrases ci-dessus en changeant de place les compléments que tu as supprimés dans l'exercice 1.*

3. *Souligne les compléments déplaçables que tu rencontres :*

Calmement, comme un chien fidèle, le requin suivait le bateau.
En quelques secondes, le requin coupa la corde.
L'animal blessé disparut brusquement, dans une gerbe d'écume.
Au lever du jour, nous avons aperçu l'île à l'horizon.

4. *Allonge les phrases à l'aide des compléments donnés. Choisis bien leur place.*

Marie a pris une douche (ce matin — en se levant).
J'ai attrapé un gros crabe (sous un rocher — avec mon épuisette).
Le navire quitte le port (à midi — lentement).
Le pilote pose son appareil (en douceur — à l'heure prévue — sur la piste).

5. *Complète à l'aide de compléments répondant aux questions posées :*

Exemple : Mon père achète son journal (quand ?) (où ?) → *Mon père achète son journal chaque semaine à la librairie.*

Pascal range ses livres et ses cahiers *(où ?)*.
Le coureur à pied s'entraîne *(quand ?) (où ?)*.
Le TGV nous conduit *(comment ?) (où ?)*.
(Quand ?) le cirque s'installera *(où ?)*.

Récapitulons

1. *Voici les deux sens d'un mot. Trouve ce mot :*
   Sens 1 : cordon qui dépasse d'une bougie et qu'on allume.
   Sens 2 : une touffe de cheveux.

.	.	.	.	.

2. *Relie deux mots synonymes :*

   vitre ●   ● conduire
   caressant ●   ● carreau
   diriger ●   ● inactif
   oisif ●   ● câlin

3. *Remplace le mot en italique par un mot synonyme :*

   J'ai croisé un *camion* (un . . . — . . .).
   La nouvelle *voiture* est sortie (une . . .).
   Le chaton est *craintif* (. . .).
   Les campeurs s'abritent dans une *grotte* (une . . .).

4. *Relie deux mots synonymes :*

   frontière ●   ● infusion
   rang ●   ● tonnerre
   tisane ●   ● limite
   foudre ●   ● file

5. *Voici les deux sens d'un mot. Trouve ce mot :*
   Sens 1 : chiffre qui indique ce que vaut un devoir.
   Sens 2 : do ré mi.

.	.	.	.

6. *Trouve quatre mots de la famille du mot* trot :

t	r	o	t

   verbe à l'infinitif   →   . . . . . .
   cheval entraîné pour →   . . . .
   la course au trot
   marcher à petits pas →   . . . .
   jouer avec deux   →   . . . .
   petites roues

7. *Trouve les verbes qui permettront de former des noms composés. Écris-les.*

   . . . .-crayon   . . . .-ongles
   . . . .-cahier   . . . .-bagages

8. *Complète les noms pour former des noms composés. Écris-les.*

   un sac de . . . . — un poste de . . . .
   une corde à . . . . — une brosse à . . . .

La lettre x, prononcée [ks] ou [gz] :
le taxi, l'examen

Orthographe

• *Écris tous les mots commençant par ex-, que tu connais.*
• *Classe-les en deux groupes :*
— *x se prononce* [ks]
— *x se prononce* [gz]
• *Écris le nom des nombres, jusqu'à 10.*
• *Écris le nom de ce que représente chaque dessin.*
• *Pierre est* **premier,** *Jacques est* **d...**
Comment se prononce x *dans chacun de ces cas ?*

```
EX    ERCICE    TRAORDINAIRE
CUSER              CELLENT   PLIQUER
     AMEN  EMPLE  POSER  AMINER    6 -----
        iSTER           PÉRIENCE   10 -----
        PLOSER
```

Selon les cas, la lettre *x*
- ne se prononce pas : *la voix — la perdrix.*
- se prononce [ks] : *l'exclamation.*
- se prononce [gz] : *l'exercice.*
- se prononce [s] : *dix.*
- se prononce [z] : *sixième.*

[ks] peut aussi s'écrire *cc : un accident.*

---

1 *Écris les mots qui répondent aux définitions et dans lesquels* x *ne se prononce pas :*

Il en faut une paire pour couper du tissu : des cis...
Il y a beaucoup d'accidents à ce carrefour ; il est dang...
Choisir, c'est faire un ch...
Mon chien grogne quand je caresse ma chatte ; il est jal...
Le x d'imprimerie a la forme d'une cr...

2 *D'un mot à l'autre. Écris les noms ou les adjectifs formés à partir des verbes suivants :*
Exemple : vieillir → vieux.

adoucir — tousser — creuser — apaiser.

3 *Écris les mots dans lesquels* x *se prononce* [ks].

exécuter — la boxe — un taxi — exiger — Vercingétorix — exposer — exagérer — fixer.

4 *Complète à l'aide de* x *ou de* cc :

un a...ent — ve...er — le ma...imum — a...epter — l'a...élérateur — la ta...e.

5 *Écris les verbes suivants à l'infinitif :*

[εkspedje] — [εgziste] — [εksploze] — [εkskyze] — [εgzamine].

6 *Dictées à préparer.*

• Dans les branches de l'arbre, à six mètres de haut, un autre crabe cisaillait la queue des noix pour les faire tomber. Les deux crabes ne parurent pas gênés par l'arrivée de Robinson et ils poursuivirent tranquillement leur bruyant travail.
D'après MICHEL TOURNIER, *Vendredi ou la vie sauvage,* Éd. Flammarion.

• Ma sécurité gagnait tellement à cet exercice que cela valait bien un peu de peine... J'établis à l'extérieur une solide échelle mobile que je rentrais chaque soir en cas d'alerte.
D'après DANIEL DEFOÉ, *Robinson Crusoé,* Éd. F. Nathan (Coll. Gravel).

• Pendant quelques minutes, il examina ces morceaux de papier avec attention. Il les retourna dans tous les sens ; il les exposa à la lumière du jour ; puis il regarda ses amis qui le considéraient d'un œil anxieux.
D'après JULES VERNE, *Les enfants du Capitaine Grant,* Éd. Hachette.

Conjugaison

Conjuguer à l'impératif (2) :
aller, venir, faire, voir, prendre

Tous les jours, autour de nous,
toutes sortes de conseils, d'ordres...

FAITES DU SPORT !

ATTENDEZ LE SIGNAL POUR PASSER.

PRENEZ LE TEMPS DE VIVRE !

COMPAREZ ET CHOISISSEZ

VENEZ NOMBREUX !

MANGEZ LÉGER !

SONNEZ ET ENTREZ

NE JETEZ RIEN PAR LA PORTIÈRE.

Aller	**Venir**	**Faire**	**Voir**	**Prendre**
Va	Viens	Fais	Vois	Prends
Allons	Venons	Faisons	Voyons	Prenons
Allez	Venez	Faites	Voyez	Prenez

1 *Conjugue oralement :*
aller dormir — ne pas venir — faire attention — revoir la leçon — prendre un bain.

2 *Sur le modèle ci-dessus, recherche ou invente quelques phrases semblables.*

3 *Transforme en phrases impératives :*
Tu vas à la cave. Tu fais attention de ne pas tomber. Tu prends une bouteille de vin. Tu la poses sur la table.
Vous allez à la piscine. Vous ne faites pas de bêtises. Vous êtes prudents. Vous ne prenez pas de risques.

4 *Transforme en phrases impératives à la 1ʳᵉ pers. du pluriel. Exemple : Il ne faut pas jouer avec le feu → Ne jouons pas avec le feu.*
Il est interdit d'ouvrir les portières. — Il ne faut pas prendre cette route. — Il ne faut pas parler dans la salle. — Il ne faut pas aller si loin. — Il ne faut pas faire de bruit après dix heures. — Il ne faut pas avoir peur.

5 *Écris ces consignes à l'impératif (2ᵉ pers. du singulier).*
En cas d'incendie.
Ne pas s'affoler. Rester calme. Crier : « Au feu ! » Appeler les pompiers. Éviter les courants d'air.

Couper le gaz et l'électricité. Attendre l'arrivée des secours.

6 *Laurent demande à Martin de lui prêter son livre.*
→ Prête-moi ton livre.

Sur ce modèle, transforme les phrases suivantes :
Charlotte demande à Valérie de lui garder sa place.
Papa dit à Pierre de se laver les mains.
Maman demande à Martine et à Alexandre de se lever rapidement.
Patrick demande à Aurélie de bien l'écouter.

7 *Imagine les conseils que donne une maman à son petit enfant qui part pour l'école. Écris-les :*
Exemple : Ne pas courir → Ne cours pas.
Traverser au feu rouge. Ne pas jouer en route. Etc.

Quels conseils donne le maître à ses élèves avant un exercice ?
Bien lire les consignes. Réfléchir avant d'écrire. Ne pas aller trop vite. Soigner l'écriture...

Quels conseils donne le maître-nageur à Aurélie qui apprend à nager ?
Ne pas avoir peur. Bien s'allonger dans l'eau. Ne pas se raidir...

Le conte (2)

LA HACHE PERDUE *(suite)*

• *Combien de fois le petit bonhomme plonge-t-il dans la rivière?*

• *Pourquoi dit-il que le bûcheron est honnête?*

• *Le bûcheron a-t-il obtenu ce qu'il désirait? L'histoire finit-elle bien?*

Le petit bonhomme réapparut avec une hache en or et dit au paysan : « Tiens, voilà ta hache. » Le bûcheron lui répondit que ce n'était pas la sienne. Le petit bonhomme replongea et réapparut avec une hache en argent. Mais le paysan lui répondit à nouveau que ce n'était pas la sienne. Quand le petit bonhomme revint à la surface pour la troisième fois, il tenait la vieille hache. Le bûcheron lui répondit que c'était bien là sa hache. Le petit bonhomme lui dit : « Tu es un honnête homme ; je te donne aussi les deux autres haches. »

Le bûcheron fut bien heureux et rentra dans son village.

D'après NATHA CAPUTO, « Les trois cognées », *Contes de la petite grenouille*, Éd. Nathan (Coll. Histoires à raconter).

• Dans un conte, le héros doit souvent affronter des situations difficiles. Ces épisodes s'appellent des *épreuves.* Par exemple, il doit vaincre des animaux, des géants, de méchantes fées. Il les vaincra par la ruse, par la magie ou par sa franchise et son honnêteté.

• À la fin, le héros ou l'héroïne obtient ce qu'il souhaitait. (Les contes finissent en général bien pour les héros et mal pour les méchants.)

On peut se représenter le conte sous forme d'un schéma :

Situation de départ (ou initiale) — Événement — Quête du personnage (actions et épreuves) — Situation finale

1 *Tu vas écrire des épreuves où la magie intervient. Reprends ton personnage de la séance page 123.*

• *Imagine qu'il prononce la formule magique pour réaliser un souhait, mais qu'il se trompe en la disant. Que se passe-t-il?*

• *Imagine une deuxième épreuve, mais réussie. Que se passe-t-il?*

• *Imagine que le héros a obtenu ce qu'il souhaitait. Écris la fin de ton conte.*

Production de textes

2. *Tu vas écrire un autre épisode magique avec les éléments suivants :*

Il s'agit d'une petite fille qui ment tout le temps. Ses parents l'ont emmenée chez l'enchanteur Merlin qui lui a donné un collier d'améthyste. Mais chaque fois qu'elle mentira, le collier se transformera… Il peut s'allonger, rétrécir, changer de couleur, etc.

D'après S. CONE BRYANT, *Le collier de vérité*, « Les contes du petit prince Pain d'épice », Éd. Nathan (Coll. Histoires à raconter).

Invente deux mensonges et les transformations du collier correspondantes. Écris ces deux épisodes.

3. *Lis le texte suivant :*

Le roi des Nains donna un moulin à Yannick, qui était pauvre, en lui disant : « C'est le plus merveilleux moulin du monde. Ce que tu désires, tu n'as qu'à le nommer et à dire : "Petit moulin, mouds-moi cela et mouds-le vitement" et le moulin moudra la chose jusqu'à ce que tu l'arrêtes en disant "Barralatatabaliba". »

Yannick demanda au moulin une belle maison. Yvon, le riche frère de Yannick vint le voir ; il était jaloux. Yvon demanda à Yannick comment il avait obtenu cette maison. Celui-ci dit que c'était grâce au petit moulin et il prêta son moulin à son frère. Hélas, il ne lui donna que le début de la formule, mais pas le mot pour arrêter le moulin. Yvon demanda au moulin de lui faire de la soupe…

D'après S. CONE BRYANT, *Le petit moulin*, « Les contes du petit prince Pain d'épice », Éd. Nathan (Coll. Histoires à raconter).

« Yvon demanda au moulin de lui faire de la soupe… »
Il va donc se passer quelque chose.
Écris ce nouvel épisode.

4. *Lis ce texte.*

Il était une fois un tsar[1], qui n'était ni bon ni méchant, mais très avare et qui s'ennuyait. Un jour, pour se distraire, il envoya par tout le pays des messagers à cheval qui criaient : « Celui d'entre vous qui saura raconter au tsar une histoire à laquelle il ne voudra pas croire recevra en récompense une pomme d'or. »

1. *tsar :* prince russe.

N. CAPUTO, E. PROVOOST, *La pomme d'or*, « Contes de la petite grenouille », Éd. Nathan (Coll. Histoires à raconter).

Le tsar va écouter les histoires de plusieurs personnes…

Choisis deux propositions parmi les trois qui te sont données et invente les deux épisodes correspondants.

Le tsar écouta…
– des histoires de princes
– des histoires de marchands
– des histoires de paysans…
Mais il ne voulut en croire aucune…

5. *Dans le conte « Le collier de vérité », il est dit : « Avec un collier pareil, il était impossible de ne pas marcher droit dans le chemin de la vérité. » Relis ce que tu as écrit à l'exercice 2, et invente une fin pour ce conte.*

6. *Voici la dernière phrase du conte « Le petit moulin » : « C'est depuis ce jour que la mer est salée. » Relis l'épisode de l'exercice n° 3, puis invente une fin à ce conte qui pourrait expliquer pourquoi la mer est salée.*

Bilan 3

Chaque fois que tu as réussi l'exercice, tu marques le nombre de points indiqué sur le domino. Tu fais le total de tes points à la fin.
Si tu ne réussis que la moitié de l'exercice, tu ne marques que la moitié des points !

Grammaire

1 *Écris au pluriel :*

un journal illustré — un bal masqué — ce gros travail — mon précieux bijou — un salut amical — son genou blessé.

2 *Écris ces GN en tenant compte des indications données :*

une jeune fille *(masc. sing.)*, un chanteur connu *(fém. sing.)*, les oiseaux bavards *(masc. sing.)*, des princesses royales *(masc. sing.)*, un homme courageux *(fém. plur.)*, des tantes généreuses *(masc. sing.)*.

3 *Remplace les pronoms sujets par des GN qui peuvent convenir :*

Arrivés au port, ils déchargent le poisson. — Pas de baignade aujourd'hui, elle est trop agitée. — Quand il ne soufflera plus, la mer se calmera. — Elles éclatent sur les rochers en gerbes d'écume.

4 *Réunis les deux pronoms en un seul.*
Exemple : **moi et elle = nous.**

Toi et moi =   Lui et elle =   Moi et eux =
Elle et toi =   Lui et moi =   Toi et lui =

5 *Souligne le GN complément de chacune des phrases :*

Le maçon construit le mur. — Julien répare sa moto. — Sophie et Martin écoutent un disque. — Le chien rejoint son maître.

6 *Termine les phrases avec des compléments du verbe :*

En automne, beaucoup d'arbres perdent . . . .
En forêt, Pascale et Odile ont ramassé . . . .
Pour son anniversaire, Isabelle a reçu . . . .
Chaque jour, Nathalie promène . . . .

7 *Remplace les GN sujets et les GN compléments par des pronoms :*
Exemple : **Michel lave sa voiture → Il la lave.**

Guillaume suce une glace. — Les oiseaux picorent le grain. — Françoise et Julie achètent des fleurs. — Lucie range ses livres.

8 *Ajoute un complément à chacune de ces phrases :*
Le facteur distribue le courrier *(quand ?)*
Les élèves écoutent le maître *(comment ?)*
J'ai cueilli des fleurs magnifiques *(où ?)*
Nous prenons un bain *(quand ?)*

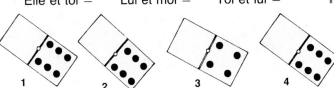
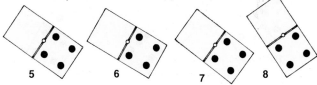

Orthographe

9 *Complète à l'aide de -eil, -eille, -ail, -aille.*

une or... — le rév... — de la p... — une bout... — le gouvern... — le somm... — un r... — une trouv...

10 *Écris le participe passé [e] ou l'imparfait [ɛ].*

La pomme tomb... n'est pas mûre. Les pommes tomb... sur la route.
Les fleurs fan... dans le vase. Il faut jeter cette fleur fan...
J'ai les pieds gel... Mes pieds gel... dans mes chaussures.

11 *Ouvre l'œil. Écris -s ou -t à la fin de chaque mot !*

devan... — dehor... — cependan... — for... — gro... — toujour... — souven... — le repo... — le trico... — pla...

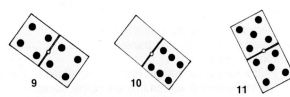

12 *Complète les mots suivants, qui sont terminés par* [i] *ou par* [y].

la sour... — la nu... — la r... — la fourm... — une charr... — la mair... — la breb... — l'aven... — auss... — le boss... — le sal... — la trib...

13 *Écris les verbes suivants au présent (2ᵉ personne du singulier) :*

balayer — nettoyer — essayer — payer — essuyer — appuyer.

14 *Accorde les verbes au présent :*

Tu les écout... — Elles le regard... — Je les chois... — Nous le termin... — On les cherch... — Vous les réun...

15 *Traduis la phonétique :*

Un [ɛgzɛrsis] — [sis] — le [taksi] — un [aksidɑ̃] — [dizjɛm].

12

13

14

15

Conjugaison

16 *Écris le verbe* **venir** *aux temps indiqués.*

Nous ... *(présent)* — Nous ... *(imparfait)* — Nous ... *(p. composé)* — Nous ... *(futur)* — Tu ... *(présent)* — Ils ... *(imparfait)*

17 *Écris le verbe* **faire** *aux temps indiqués :*

Vous ... *(présent)* — Vous ... *(futur)* — Vous ... *(p. composé)* — Vous ... *(imparfait)* — On ... *(p. composé)* — Ils ... *(imparfait)*

18 *Écris le verbe* **voir** *aux temps indiqués :*

Ils ... *(présent)* — Elles ... *(futur)* — Ils ... *(imparfait)* — Elles ... *(p. composé)* — Nous ... *(imparfait)* — Je ... *(futur)*

19 *Écris le verbe* **prendre** *aux temps indiqués :*

Elles ... *(présent)* — Nous ... *(futur)* — Tu ... *(imparfait)* — J'... *(p. composé)* — Vous ... *(imparfait)* — Vous ... *(présent)*

20 *Indique le temps de chaque verbe :*

Vous voyiez (...) — Vous faites (...) — Elle est venue (...) — Nous verrons (...) — Tu prends (...) — Il faisait (...)

21 *Transforme en impératif :*

Tu as de la patience. — Nous faisons une promenade. — Tu prends une douche. — Tu es prudente. — Tu travailles mieux. — Vous obéissez aussitôt. — Vous avez du courage. — Tu vas dans ta chambre.

16

17

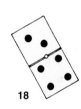

18

19

20

21

Mots croisés

1. Le contraire de *plus*.
2. Le régal du chien. — Participe passé du verbe *avoir*.
3. Verbe *nier* au présent, 3ᵉ pers. du sing.
4. Elle a la tête dure ; elle est ....
5. Terminaison des verbes du 1ᵉʳ groupe. — Note de musique.

a. Participe passé du verbe *monter*.
b. Il sert à fabriquer des paniers.
c. Fin de *poulet*.
d. Petit mot utilisé pour la phrase négative. — Fin de *tour*.
e. Participe passé au féminin du verbe *sucer*.

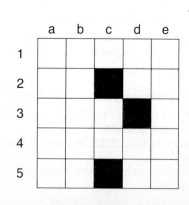

Production de textes

22 *Lis le texte suivant. C'est un épisode d'un conte. Invente-lui un début.*

Quand le petit tailleur arriva, il engagea des maçons et commença à bâtir la tour. À la fin du premier jour, il fit poser une grosse pierre en équilibre sur le mur, et plaça un levier dessous, de façon à pouvoir la faire bouger facilement. Ensuite les maçons s'en allèrent et le petit tailleur se cacha derrière le mur. Quand la nuit fut venue, les trois géants sortirent du bois et commencèrent à démolir la tour. Mais quand ils arrivèrent sous la grosse pierre, le petit tailleur manœuvra son levier et la pierre tomba sur un des géants et le tua. Les deux autres se sauvèrent.

Le tailleur de Galway, « Contes du petit prince Pain d'épice », Éd. Nathan (Coll. Histoires à raconter).

23 *Lis le texte suivant. Puis invente-lui un début et une fin.*

— Pauvre de moi, pensa le petit chacal, le vieux crocodile tient ma patte entre ses vilaines mâchoires, il va me tirer dans l'eau et me manger ! Qu'est-ce que je pourrais bien faire pour qu'il me lâche ?...

Il réfléchit un instant, puis se mit à rire tout haut.
— Oh ! oh ! oh ! Est-ce qu'il est aveugle, monseigneur Crocodile ? Il a attrapé une vieille racine, et il croit que c'est ma patte ; oh ! oh ! oh ! J'espère qu'il la trouvera tendre !

Le vieux crocodile était couché dans la vase, et les roseaux l'empêchaient de voir. Il pensa : « Tiens, je me suis trompé », et il desserra les mâchoires, et le petit chacal retira sa patte et se sauva en criant : « Oh ! Protecteur du pauvre ! Monseigneur Crocodile, c'est bien aimable à vous de me laisser partir. »

Le petit chacal et le vieux crocodile, « Contes du petit prince Pain d'épice », Éd. Nathan (Coll. Histoires à raconter).

24 *Lis ce conte. Retrouve le début, les épisodes, la fin.*
Récris ce conte en conservant le même début et en imaginant que Petit Brin de Coq aide l'eau, le feu et le vent quand il les rencontre pour la première fois. (Ainsi, ils l'aideront quand il sera en difficulté...)

Tu peux faire ce travail en plusieurs fois.

Un jour, Petit Brin de Coq dit à sa mère :
— Mère, je vais voir le roi. Adieu !
Et il s'en alla en sautant sur son unique patte.
Un peu plus loin, il vit un ruisseau qui ne pouvait plus couler
à cause des branches et des feuilles.
Le ruisseau lui demanda de pousser les feuilles et les branches avec son bec,
mais Petit Brin de Coq lui répondit qu'il n'avait pas le temps.
Un peu plus loin, il rencontra un feu qui était presque étouffé
par du bois humide.
Le feu lui demanda de l'éventer avec son aile,
mais Petit Brin de Coq lui répondit qu'il n'avait pas le temps.
Un peu plus loin, il arriva près d'un buisson où le vent était arrêté.
Il demanda à Petit Brin de Coq d'écarter le buisson,
mais Petit Brin de Coq lui répondit qu'il n'avait pas le temps.
Arrivé chez le roi, Petit Brin de Coq passa devant les cuisines.
Alors le cuisinier l'attrapa pour le faire cuire. Il le mit dans une marmite.
L'eau recouvrit le coq, qui lui demanda de ne pas monter si haut.
Mais l'eau lui répondit :
— Quand j'étais dans la peine, tu n'as pas voulu m'aider.
Puis le feu chauffa l'eau de plus en plus.
Petit Brin de Coq demanda au feu de s'éteindre.
Mais le feu lui répondit :
— Quand j'étais dans la peine, tu n'as pas voulu m'aider.
Le cuisinier trouva que le coq était trop cuit et le jeta par la fenêtre.
Le vent le fit tourbillonner et Petit Brin de Coq lui demanda d'arrêter.
Mais le vent lui répondit :
— Quand j'étais dans la peine, tu n'as pas voulu m'aider.
Et le vent souffla plus fort et envoya Brin de Coq tout en haut du clocher.

D'après SARAH CONE BRYANT, *Petit Brin de Coq,* « Contes du Petit Prince Pain d'Épice », Éd. Nathan (Coll. Histoires à raconter).

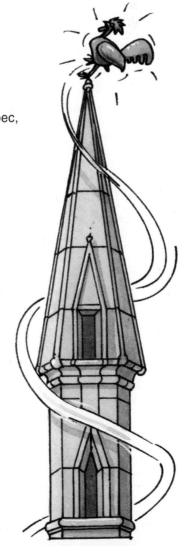

Récapitulons

Les types de phrases

TYPES	DÉCLARATIF	INTERROGATIF	EXCLAMATIF	IMPÉRATIF
	Mon père rentre de voyage.	*Le train arrive à six heures ?* *Est-ce que le train arrive à six heures ?* *Le train arrive-t-il à six heures ?*	*Comme il est fort !* *Quelle surprise !* *Aïe ! je me suis piqué.*	**un ordre :** *Lave-toi les mains !* **un conseil :** *Sois patient,* *ne t'énerve pas.*
On n'oublie pas →	la majuscule le point	la majuscule le point d'interrogation	la majuscule le point d'exclamation	la majuscule le point ou le point d'exclamation

a/à, ou/où, et/est, son/sont, on/ont

a **à**	verbe *avoir*, peut se remplacer par **avait**. est une préposition.	*Pascal **a** gagné la partie.* *Il arrive **à** huit heures.*
ou **où**	peut se remplacer par **ou bien**. indique le lieu.	*Je viendrai lundi **ou** mardi.* *Je sais **où** il habite.*
et **est**	peut se remplacer par **et puis**. verbe *être*, peut se remplacer par **était**.	*Je mange du pain **et** du chocolat.* *Pierre **est** en retard.*
son **sont**	déterminant, signifie **le sien**. verbe *être*, peut se remplacer par **étaient**.	*Il quitte **son** village.* *Les routes **sont** glissantes.*
on **ont**	pronom, peut se remplacer par **il**. verbe *avoir*, peut se remplacer par **avaient**.	***On** frappe à la porte.* *Ils **ont** bien travaillé.*

Les noms féminins

	en [e]	en [te]	en [y]	en [i]
Terminaisons	**ée** *la cheminée* *la fumée*	**té** *la beauté* *la santé*	**ue** *la rue* *l'avenue*	**ie** *la vie* *la suie*
Exceptions	*la clé*	**noms exprimant le contenu** *la brouett**ée*** *l'assiett**ée*** **et certains noms usuels** *la dict**ée*** *la mont**ée*** *la jet**ée*** *la pât**ée*** *la port**ée***	*la glu* *la tribu*	*la souri**s*** *la perdri**x*** *la nuit* *la brebi**s***

Terminaisons des verbes des 1er et 2e groupes

	Présent	Futur	Passé composé	Imparfait
er	*e, es, e* *ons, ez, ent.*	*erai, eras, era* *erons, erez, eront*	*é*	*ais, ais, ait* *ions, iez, aient*
ir	*is, is, it* *issons, issez, issent*	*irai, iras, ira* *irons, irez, iront*	*i*	*issais, issais, issait* *issions, issiez, issaient.*

L'accord GN sujet/verbe

- Un seul sujet singulier → verbe au singulier. **Pierre** écou**te** un disque.
  pluriel → verbe au pluriel. **Les enfants** écout**ent** un disque.

- Plusieurs sujets singulier / pluriel → verbe au pluriel. **Isabelle**, **Lucie** et **Marc** écout**ent** un disque.

- Un sujet singulier, plusieurs verbes → verbes au singulier. **La feuille** se détach**e**, tourbillonn**e** et tomb**e** sur le sol.

- Un sujet pluriel, plusieurs verbes → verbes au pluriel. **Les feuilles** se détach**ent**, tourbillonn**ent** et tomb**ent** sur le sol.

- Le verbe s'accorde toujours avec le sujet, quelle que soit la place du sujet et du verbe.
Le sujet est **devant** le verbe : **Les hirondelles** nich**ent** dans la grange.
Le sujet est **après** le verbe : *Dans la grange nich**ent** **les hirondelles***.
Le sujet est **éloigné** du verbe : **Les hirondelles**, *dont les cris nous parviennent*, nich**ent** dans la grange.

Les constituants du GN

Le groupe nominal ou GN peut être constitué :

- d'un pronom,

- d'un nom propre,

- d'un déterminant et d'un nom propre,

- d'un déterminant et d'un nom commun,

- d'un déterminant, d'un nom et d'un adjectif,

- d'un déterminant, d'un nom et d'un complément du nom,

- d'un déterminant, d'un nom, d'un adjectif et d'un compl. du nom.

Il, celui-ci...

Crin Blanc.

La Camargue.
D   N

Le cheval.
D   N

Le cheval blanc.
D   N   Adj.

Le cheval du cirque.
D   N   prép.   N

Le cheval blanc du cirque.
D   N   Adj.   prép.   N

L'accord en genre et en nombre

Genre	Nombre
Féminin	**Pluriel**
Cas général → **e** *(une amie)*	Cas général → **s** *(des amis)*

Mots en **-er** → **-ère** *(la bergère)*
     -eur → **-euse** *(la danseuse)*
     -teur → **-trice** *(l'actrice)*
     -e → **-esse** *(l'ogresse)*
     -f → **-ve** *(neuve)*
	-eu et **-au** : **-x** *(des feux, des troupeaux)*
	 -ou : **-x** pour sept noms
	 (bijou — caillou — chou — genou — hibou — joujou — pou)
	 -al, -ail : souvent **-aux** *(les journaux, les travaux)*

Pas de changement pour les mots terminés par *-e* au masculin.	Pas de changement pour les mots terminés par *-s, -x, -z* au singulier.

Les compléments

Essentiels	Déplaçables, supprimables
Ils font partie du groupe verbal GV. Ils ne peuvent être ni déplacés, ni supprimés. Ils font partie de la phrase minimale. *Cédric porte **des lunettes**.* *Le chien ronge **un os**.* *Le vent déracine **le chêne**.*	Ils peuvent indiquer : **le temps** *Nous ferons du ski **cet hiver**.* **le lieu** *Nous ferons du ski **dans les Alpes**.* **la manière** *Il descend la piste **avec prudence**.*

Mots invariables

(qui devront être écrits sans erreur à la fin du CE2)

alors	chez	longtemps	quand
après	comme	lorsque	sans
assez	dans	maintenant	seulement
aujourd'hui	dedans	mais	soudain
auprès	dehors	moins	sous
aussi	déjà	par	souvent
aussitôt	depuis	parfois	sur
autant	dessous	pas	tard
autrefois	dessus	pendant	tôt
avant	devant	personne	toujours
avec	durant	peu	très
beaucoup	encore	plus	trop
bien	enfin	plusieurs	vers
bientôt	ensuite	pour	voici
car	hier	pourtant	voilà
ceci	jamais	puis	vraiment
cela	là-bas		
cependant	loin		

Tableau de phonétique

Sons-voyelles

[a] le chat
[ɑ] un âne
[o] bientôt
[ɔ] l'école
[y] la rue
[u] la roue
[e] du café
[ɛ] après, jamais
[œ] un œuf
[ø] heureux
[ə] je, le, regarder
[i] ami
[ɑ̃] grand
[ɔ̃] le pont
[ɛ̃] le timbre
[œ̃] brun, le parfum

Sons-consonnes

[p] par, prendre
[b] bien, le bateau
[t] très, le toit
[d] David, donner
[k] quatre, comme, le képi
[g] goûter, gai
[f] Flora, fort
[v] avec, venir
[s] souvent, dessus
[z] zéro, un oiseau
[ʒ] jouer, je, il nage
[ʃ] chercher, le chemin
[l] la lame, une balle
[r] rire, René
[m] maman
[n] notre, bonne
[ɲ] la campagne, cogner

[j] le crayon, l'abeille
[w] ouest
[ɥ] la nuit

Tableaux de conjugaison

AVOIR

PRÉSENT	FUTUR 1	FUTUR 2	PASSÉ COMPOSÉ
J' ai tu as il, elle a nous avons vous avez ils, elles ont	J' aurai tu auras il, elle aura nous aurons vous aurez ils, elles auront	Je vais avoir tu vas avoir il, elle va avoir nous allons avoir vous allez avoir ils, elles vont avoir	J' ai eu tu as eu il, elle a eu nous avons eu vous avez eu ils, elles ont eu
IMPARFAIT	IMPÉRATIF	PARTICIPE PRÉSENT	PARTICIPE PASSÉ
J' avais tu avais il, elle avait nous avions vous aviez ils, elles avaient	Aie Ayons Ayez	Ayant	Eu

ÊTRE

PRÉSENT	FUTUR 1	FUTUR 2	PASSÉ COMPOSÉ
Je suis tu es il, elle est nous sommes vous êtes ils, elles sont	Je serai tu seras il, elle sera nous serons vous serez ils, elles seront	Je vais être tu vas être il, elle va être nous allons être vous allez être ils, elles vont être	J' ai été tu as été il, elle a été nous avons été vous avez été ils, elles ont été
IMPARFAIT	IMPÉRATIF	PARTICIPE PRÉSENT	PARTICIPE PASSÉ
J' étais tu étais il, elle était nous étions vous étiez ils, elles étaient	Sois Soyons Soyez	Étant	Été

PARLER

PRÉSENT	FUTUR 1	FUTUR 2	PASSÉ COMPOSÉ
Je parle tu parles il, elle parle nous parlons vous parlez ils, elles parlent	Je parlerai tu parleras il, elle parlera nous parlerons vous parlerez ils, elles parleront	Je vais parler tu vas parler il, elle va parler nous allons parler vous allez parler ils, elles vont parler	J' ai parlé tu as parlé il, elle a parlé nous avons parlé vous avez parlé ils, elles ont parlé
IMPARFAIT	IMPÉRATIF	PARTICIPE PRÉSENT	PARTICIPE PASSÉ
Je parlais tu parlais il, elle parlait nous parlions vous parliez ils, elles parlaient	Parle Parlons Parlez	Parlant	Parlé

RÉUNIR

PRÉSENT	FUTUR 1	FUTUR 2	PASSÉ COMPOSÉ
Je réunis tu réunis il, elle réunit nous réunissons vous réunissez ils, elles réunissent	Je réunirai tu réuniras il, elle réunira nous réunirons vous réunirez ils, elles réuniront	Je vais réunir tu vas réunir il, elle va réunir nous allons réunir vous allez réunir ils, elles vont réunir	J' ai réuni tu as réuni il, elle a réuni nous avons réuni vous avez réuni ils, elles ont réuni
IMPARFAIT	IMPÉRATIF	PARTICIPE PRÉSENT	PARTICIPE PASSÉ
Je réunissais tu réunissais il, elle réunissait nous réunissions vous réunissiez ils, elles réunissaient	Réunis Réunissons Réunissez	Réunissant	Réuni

ALLER

PRÉSENT	FUTUR 1	FUTUR 2	PASSÉ COMPOSÉ
Je vais tu vas il, elle va nous allons vous allez ils, elles vont	J' irai tu iras il, elle ira nous irons vous irez ils, elles iront	Je vais aller tu vas aller il, elle va aller nous allons aller vous allez aller ils, elles vont aller	Je suis allé(e) tu es allé(e) il, elle est allé(e) nous sommes allés (ées) vous êtes allés (ées) ils, elles sont allés (ées)
IMPARFAIT	IMPÉRATIF	PARTICIPE PRÉSENT	PARTICIPE PASSÉ
J' allais tu allais il, elle allait nous allions vous alliez ils, elles allaient	Va Allons Allez	Allant	Allé

VENIR

PRÉSENT	FUTUR 1	FUTUR 2	PASSÉ COMPOSÉ
Je viens tu viens il, elle vient nous venons vous venez ils, elles viennent	Je viendrai tu viendras il, elle viendra nous viendrons vous viendrez ils, elles viendront	Je vais venir tu vas venir il, elle va venir nous allons venir vous allez venir ils, elles vont venir	Je suis venu(e) tu es venu(e) il, elle est venu(e) nous sommes venus (ues) vous êtes venus (ues) ils, elles sont venus (ues)
IMPARFAIT	IMPÉRATIF	PARTICIPE PRÉSENT	PARTICIPE PASSÉ
Je venais tu venais il, elle venait nous venions vous veniez ils, elles venaient	Viens Venons Venez	Venant	Venu

FAIRE

PRÉSENT	FUTUR 1	FUTUR 2	PASSÉ COMPOSÉ
Je fais tu fais il, elle fait nous faisons vous faites ils, elles font	Je ferai tu feras il, elle fera nous ferons vous ferez ils, elles feront	Je vais faire tu vas faire il, elle va faire nous allons faire vous allez faire ils, elles vont faire	J' ai fait tu as fait il, elle a fait nous avons fait vous avez fait ils, elles ont fait
IMPARFAIT	IMPÉRATIF	PARTICIPE PRÉSENT	PARTICIPE PASSÉ
Je faisais tu faisais il, elle faisait nous faisions vous faisiez ils, elles faisaient	Fais Faisons Faites	Faisant	Fait

VOIR

PRÉSENT	FUTUR 1	FUTUR 2	PASSÉ COMPOSÉ
Je vois tu vois il, elle voit nous voyons vous voyez ils, elles voient	Je verrai tu verras il, elle verra nous verrons vous verrez ils, elles verront	Je vais voir tu vas voir il, elle va voir nous allons voir vous allez voir ils, elles vont voir	J' ai vu tu as vu il, elle a vu nous avons vu vous avez vu ils, elles ont vu
IMPARFAIT	IMPÉRATIF	PARTICIPE PRÉSENT	PARTICIPE PASSÉ
Je voyais tu voyais il, elle voyait nous voyions vous voyiez ils, elles voyaient	Vois Voyons Voyez	Voyant	Vu

PRENDRE

PRÉSENT	FUTUR 1	FUTUR 2	PASSÉ COMPOSÉ
Je prends tu prends il, elle prend nous prenons vous prenez ils, elles prennent	Je prendrai tu prendras il, elle prendra nous prendrons vous prendrez ils, elles prendront	Je vais prendre tu vas prendre il, elle va prendre nous allons prendre vous allez prendre ils, elles vont prendre	J' ai pris tu as pris il, elle a pris nous avons pris vous avez pris ils, elles ont pris
IMPARFAIT	IMPÉRATIF	PARTICIPE PRÉSENT	PARTICIPE PASSÉ
Je prenais tu prenais il, elle prenait nous prenions vous preniez ils, elles prenaient	Prends Prenons Prenez	Prenant	Pris

TABLE DES MATIÈRES

1re partie :

La phrase. Le dictionnaire. Mots simples, mots dérivés.

Écrire les sons. Éviter de prendre un mot pour un autre. Le présent et le futur.

Faire une phrase. Donner un ordre. Utiliser le mot juste. Placer une virgule. Remplacer « il y a ». Raconter. Jeu poétique. Reconstitution de texte. La lettre. La recette.

2e partie :

Le groupe nominal sujet. Familles de mots.

Écrire les terminaisons. Éviter les confusions. Le passé composé et l'imparfait.

Exprimer la cause et la conséquence. Expliquer. Préciser. Jeu poétique. Reconstitution de texte.
La description d'un animal. Le mode d'emploi.

Les pronoms. Les compléments du verbe. Les sens du mot.

Écrire les terminaisons difficiles. Verbes irréguliers : *faire, voir, prendre.*

3ᵉ partie :

Dire l'endroit. Formuler un souhait. Enchaîner. Reprendre sans répéter. Préciser.
Dire et situer le moment. Utiliser le mot juste. Jeu poétique. Reconstitution de texte.
Le conte (1 et 2).

— **Crédits photographiques** —

p. 8 : Archives Nathan (g) – Photo Bavaria/Bildagentur, © Pix (m) – Archives Nathan (mb) – Photo Patrice Tourenne, © Pix (d).
p. 41 : © Jack Blues, Agence Top.
p. 70 : Photo Gérard Lacz, © Sunset.
p. 89 : avec l'aimable autorisation de Vico.
p. 101 : Photo A. Mercieca, © Jacana.
p. 102 : avec l'aimable autorisation de Herta.
p. 130 : avec l'aimable autorisation de Philips et Rowenta.
p. 134 : avec l'aimable autorisation de Moulinex.

N° d'éditeur : 10104070 - Avril 2003 - Impression et reliure : G. Canale & C. S.p.A. - Borgaro T.se (Turin)